LEI DAS ESTATAIS

Estatuto Jurídico

Empresas Públicas, Sociedades de Economia Mista e Subsidiárias

Coleção Jacoby de Direito Público

Coleção Jacoby de Direito Público v.16

Organização: Murilo Jacoby Fernandes

LEI DAS ESTATAIS
ESTATUTO JURÍDICO
EMPRESAS PÚBLICAS, SOCIEDADES DE ECONOMIA MISTA E SUBSIDIÁRIAS

- Lei nº 13.303, de 30 de junho de 2016
- Decreto nº 8.945 de 27 de dezembro de 2016
- Penalidades
- Lei e decretos do Pregão
- Seguro de Responsabilidade Civil
- Sociedades de Propósito Específico

Belo Horizonte

FÓRUM

2018

© 2018 da 1ª edição *by* Editora Fórum: 2.500 exemplares

Coordenação e *coaching* editorial: Lili Vieira
Colaboração: Ana Luiza Jacoby Fernandes e Marcelo Souza Rocha

Capa: Murilo Queiroz Melo Jacoby Fernandes
Interferência na capa e produção gráfica: Walter Santos

Dados Internacionais de Catalogação na Publicação (CIP) de acordo com a AACR2

L525 Lei das Estatais: estatuto jurídico das empresas públicas, sociedades de economia mista e subsidiárias / Murilo Jacoby Fernandes (Org.).– Belo Horizonte : Fórum, 2018.

303 p.; 10 cm x 13 cm
Coleção Jacoby de Direito Público, v. 16
ISBN 978-85-7700-070-8 (Coleção)

ISBN: 978-85-450-0563-6
1. Direito Administrativo. 2. Direito Constitucional. I. Jacoby Fernandes, Murilo. III. Título.

CDD 341.3
CDU 342

Elaborado por Daniela Lopes Duarte - CRB-6/3500

Informação bibliográfica deste livro, conforme a NBR 6023:2002 da Associação Brasileira de Normas Técnicas (ABNT):

JACOBY FERNANDES, Murilo (Org.). *Lei das Estatais*: estatuto jurídico das empresas públicas, sociedades de economia mista e subsidiárias. Belo Horizonte: Fórum, 2018. 303 p. Coleção Jacoby de Direito Público, v. 16. ISBN 978-85-450-0563-6

SUMÁRIO

APRESENTAÇÃO 7

CONSTITUIÇÃO FEDERAL, DE 05 DE OUTUBRO DE 1988 (PARCIAL). ..9

LEI Nº 13.303, DE 30 DE JUNHO DE 2016 - *Dispõe sobre o estatuto jurídico da empresa pública, da sociedade de economia mista e de suas subsidiárias, no âmbito da União, dos Estados, do Distrito Federal e dos Municípios*............... 13

DECRETO Nº 8.945, DE 27 DE DEZEMBRO DE 2016 - *Regulamenta, no âmbito da União, a Lei no 13.303, de 30 de junho de 2016, que dispõe sobre o estatuto jurídico da empresa pública, da sociedade de economia mista e de suas subsidiárias, no âmbito da União, dos Estados, do Distrito Federal e dos Municípios.* 89

LEI Nº 8.666, DE 21 DE JUNHO DE 1993 (PARCIAL) - *Regulamenta o art. 37, inciso XXI, da Constituição Federal, institui normas para licitações e contratos da Administração Pública e dá outras providências.*................................... 139

LEI Nº 10.520, DE 17 DE JULHO DE 2002 - *Institui, no âmbito da União, Estados, Distrito Federal e Municípios, nos termos do art. 37, inciso XXI, da Constituição Federal, modalidade de licitação denominada pregão, para aquisição de bens e serviços comuns, e dá outras providências.* 143

DECRETO Nº 3.555, DE 08 DE AGOSTO DE 2000 - *Aprova o Regulamento para a modalidade de licitação denominada pregão, para aquisição de bens e serviços comuns.* 151

Anexo I - Regulamento da Licitação na Modalidade de Pregão 152

Anexo II - (Revogado pelo Decreto nº 7.174, de 2010) 165

DECRETO Nº 5.450, DE 31 DE MAIO DE 2005 - *Regulamenta o pregão, na forma eletrônica, para aquisição de bens e serviços comuns, e dá outras providências.* 167

RESOLUÇÃO CGPAR Nº 21, DE 18 DE JANEIRO DE 2018 *[Nomeação, destituição e exoneração]* 187

RESOLUÇÃO CGPAR Nº 22, DE 18 DE JANEIRO DE 2018 - *Estabelece diretrizes e parâmetros mínimos de governança para as empresas estatais federais sobre benefícios de assistência à saúde na modalidade de autogestão.* 191

RESOLUÇÃO CGPAR Nº 23, DE 18 DE JANEIRO DE 2018 - *Estabelece diretrizes e parâmetros para o custeio das empresas estatais federais sobre benefícios de assistência à saúde aos empregados.* 199

CIRCULAR/SUSEP Nº 553, DE 23 DE MAIO DE 2017 - *Estabelece diretrizes gerais aplicáveis aos seguros de responsabilidade civil de diretores e administradores de pessoas jurídicas (seguro de RC D & O), e dá outras providências.* 207

ÍNDICE DE ASSUNTOS 227

NOTA DO AUTOR 299

APRESENTAÇÃO

Em 2016, iniciou-se um novo marco na regulação das Empresas Públicas, Sociedades de Economia Mistas e suas subsidiárias. A Lei nº 13.303 de 30 de junho de 2016 e o Decreto nº 8.945 de 27 de dezembro de 2016 estabeleceram um novo paradigma para a governança e as contratações das Estatais brasileiras.

Seguindo os passos da versão de bolso da Lei de Licitações e Contratos (Lei nº 8.666/1993), propusemos a organização das normas de interesse das Estatais, desde dispositivos específicos da Constituição Federal até a íntegra de resoluções da Comissão Interministerial de Governança Corporativa e de Administração de Participações Societárias da União (CGPAR). A partir dessas normas, preparamos um índice inteligente de assuntos. Considerando que a utilização desta obra se dará por profissionais de áreas técnicas e jurídicas, a ideia por trás da organização do índice foi considerar expressões utilizadas, tanto por estudantes e operadores do Direito, quanto por profissionais de outras especializações. Ao agrupar expressões como "treinamento", "curso" e "professor", o índice objetiva auxiliar o leitor, independente da linguagem utilizada, superando, nesse aspecto, as ferramentas de tecnologia mais acessíveis.

Com a expectativa de ser uma ferramenta útil, este livro se propõe a auxiliar na compreensão e interpretação dessas importantes normas para as Estatais brasileiras.

Recomendo que inicie sua consulta pelo índice remissivo alfabético e também que se cadastre nos portais www.jacoby.pro.br e www.institutoprotege.com.br para receber informações atualizadas.

Murilo Jacoby Fernandes

Constituição Federal, de 05 de outubro de 1988
(Parcial)

[...]

Art. 22. Compete privativamente à União legislar sobre:

[...]

XXVII - normas gerais de licitação e contratação, em todas as modalidades, para as administrações públicas diretas, autárquicas e fundacionais da União, Estados, Distrito Federal e Municípios, obedecido o disposto no art. 37, XXI, e para as empresas públicas e sociedades de economia mista, nos termos do art. 173, § 1º, III;

[...]

Art. 37. A administração pública direta e indireta de qualquer dos Poderes da União, dos Estados, do Distrito Federal e dos Municípios obedecerá aos princípios de legalidade, impessoalidade, moralidade, publicidade e eficiência e, também, o seguinte:

[...]

XXI - ressalvados os casos especificados na legislação, as obras, serviços, compras e alienações serão contratados mediante processo de licitação pública que assegure igualdade de condições a todos os concorrentes, com cláusulas que estabeleçam obrigações de pagamento, mantidas as condições efetivas da proposta, nos termos da lei, o qual somente permitirá as exigências de qualificação técnica e econômica indispensáveis à garantia do cumprimento das obrigações.

[...]

§ 1º A publicidade dos atos, programas, obras, serviços e campanhas dos órgãos públicos deverá ter caráter educativo, informativo ou de orientação social, dela não podendo constar nomes, símbolos ou imagens que caracterizem promoção pessoal de autoridades ou servidores públicos.

[...]

§ 4º Os atos de improbidade administrativa importarão a suspensão dos direitos políticos, a perda da função pública, a indisponibilidade dos bens e o ressarcimento ao erário, na forma e gradação previstas em lei, sem prejuízo da ação penal cabível.

§ 5º A lei estabelecerá os prazos de prescrição para ilícitos praticados por qualquer agente, servidor ou não, que causem prejuízos ao erário, ressalvadas as respectivas ações de ressarcimento.

§ 6º As pessoas jurídicas de direito público e as de direito privado prestadoras de serviços públicos responderão pelos danos que seus agentes, nessa qualidade, causarem a terceiros, assegurado o direito de regresso contra o responsável nos casos de dolo ou culpa.

[...]

Art. 173. Ressalvados os casos previstos nesta Constituição, a exploração direta de atividade econômica pelo Estado só será permitida quando necessária aos imperativos da segurança nacional ou a relevante interesse coletivo, conforme definidos em lei.

§ 1º A lei estabelecerá o estatuto jurídico da empresa pública, da sociedade de economia mista e de suas subsidiárias que explorem atividade econômica de produção ou comercialização de bens ou de prestação de serviços, dispondo sobre:

I - sua função social e formas de fiscalização pelo Estado e pela sociedade;

CONSTITUIÇÃO FEDERAL Art. 173

II - a sujeição ao regime jurídico próprio das empresas privadas, inclusive quanto aos direitos e obrigações civis, comerciais, trabalhistas e tributários;

III - licitação e contratação de obras, serviços, compras e alienações, observados os princípios da administração pública;

IV - a constituição e o funcionamento dos conselhos de administração e fiscal, com a participação de acionistas minoritários;

V - os mandatos, a avaliação de desempenho e a responsabilidade dos administradores.

§ 2º As empresas públicas e as sociedades de economia mista não poderão gozar de privilégios fiscais não extensivos às do setor privado.

§ 3º A lei regulamentará as relações da empresa pública com o Estado e a sociedade.

§ 4º A lei reprimirá o abuso do poder econômico que vise à dominação dos mercados, à eliminação da concorrência e ao aumento arbitrário dos lucros.

§ 5º A lei, sem prejuízo da responsabilidade individual dos dirigentes da pessoa jurídica, estabelecerá a responsabilidade desta, sujeitando-a às punições compatíveis com sua natureza, nos atos praticados contra a ordem econômica e financeira e contra a economia popular.

[...]

LEI Nº 13.303, DE 30 DE JUNHO DE 2016

Dispõe sobre o estatuto jurídico da empresa pública, da sociedade de economia mista e de suas subsidiárias, no âmbito da União, dos Estados, do Distrito Federal e dos Municípios.

O VICE-PRESIDENTE DA REPÚBLICA, no exercício do cargo de PRESIDENTE DA REPÚBLICA Faço saber que o Congresso Nacional decreta e eu sanciono a seguinte Lei:

TÍTULO I – DISPOSIÇÕES APLICÁVEIS ÀS EMPRESAS PÚBLICAS E ÀS SOCIEDADES DE ECONOMIA MISTA

CAPÍTULO I – DISPOSIÇÕES PRELIMINARES

Art. 1º Esta Lei dispõe sobre o estatuto jurídico da empresa pública, da sociedade de economia mista e de suas subsidiárias, abrangendo toda e qualquer empresa pública e sociedade de economia mista da União, dos Estados, do Distrito Federal e dos Municípios que explore atividade econômica de produção ou comercialização de bens ou de prestação de serviços, ainda que a atividade econômica esteja sujeita ao regime de monopólio da União ou seja de prestação de serviços públicos.

§ 1º O Título I desta Lei, exceto o disposto nos arts. 2º, 3º, 4º, 5º, 6º, 7º, 8º, 11, 12 e 27, não se aplica à empresa pública e à sociedade de economia mista que tiver, em conjunto com suas respectivas subsidiárias, no exercício social anterior, receita operacional bruta inferior a R$ 90.000.000,00 (noventa milhões de reais).

§ 2º disposto nos Capítulos I e II do Título II desta Lei aplica-se inclusive à empresa pública dependente, definida nos termos do inciso III do art. 2º da Lei Complementar nº 101, de 4 de maio de 2000, que explore atividade econômica, ainda que a atividade econômica esteja sujeita ao regime de monopólio da União ou seja de prestação de serviços públicos.

§ 3º Os Poderes Executivos poderão editar atos que estabeleçam regras de governança destinadas às suas respectivas empresas públicas e sociedades de economia mista que se enquadrem na hipótese do § 1º, observadas as diretrizes gerais desta Lei.

§ 4º A não edição dos atos de que trata o § 3º no prazo de 180 (cento e oitenta) dias a partir da publicação desta Lei submete as respectivas empresas públicas e sociedades de economia mista às regras de governança previstas no Título I desta Lei.

§ 5º Submetem-se ao regime previsto nesta Lei a empresa pública e a sociedade de economia mista que participem de consórcio, conforme disposto no art. 279 da Lei nº 6.404, de 15 de dezembro de 1976, na condição de operadora.

§ 6º Submete-se ao regime previsto nesta Lei a sociedade, inclusive a de propósito específico, que seja controlada por empresa pública ou sociedade de economia mista abrangidas no caput.

§ 7º Na participação em sociedade empresarial em que a empresa pública, a sociedade de economia mista e suas subsidiárias não detenham o controle acionário, essas deverão adotar, no dever de fiscalizar, práticas de governança, e controle proporcionais à relevância, à materialidade e aos riscos do negócio do qual são partícipes, considerando, para esse fim:

I - documentos e informações estratégicos do negócio e demais relatórios e informações produzidos por força de acordo de

Lei nº 13.303/2016 — Arts. 1º e 2º

acionistas, e de Lei considerados essenciais para a defesa de seus interesses na sociedade empresarial investida;

II - relatório de execução do orçamento e de realização de investimentos programados pela sociedade, inclusive quanto ao alinhamento dos custos orçados e dos realizados com os custos de mercado;

III - informe sobre execução da política de transações com partes relacionadas;

IV - análise das condições de alavancagem financeira da sociedade;

V - avaliação de inversões financeiras e de processos relevantes de alienação de bens móveis e imóveis da sociedade;

VI - relatório de risco das contratações para execução de obras, fornecimento de bens e prestação de serviços relevantes para os interesses da investidora;

VII - informe sobre execução de projetos relevantes para os interesses da investidora;

VIII - relatório de cumprimento, nos negócios da sociedade, de condicionantes socioambientais estabelecidas pelos órgãos ambientais;

IX - avaliação das necessidades de novos aportes na sociedade e dos possíveis riscos de redução da rentabilidade esperada do negócio;

X - qualquer outro relatório, documento ou informação produzido pela sociedade empresarial investida considerado relevante para o cumprimento do comando constante do caput.

Art. 2º A exploração de atividade econômica pelo Estado será exercida por meio de empresa pública, de sociedade de economia mista e de suas subsidiárias.

§ 1º A constituição de empresa pública ou de sociedade de economia mista dependerá de prévia autorização legal que indique, de forma clara, relevante interesse coletivo ou imperativo de segurança nacional, nos termos do caput do art. 173 da Constituição Federal.

§ 2º Depende de autorização legislativa a criação de subsidiárias de empresa pública e de sociedade de economia mista, assim como a participação de qualquer delas em empresa privada, cujo objeto social deve estar relacionado ao da investidora, nos termos do inciso XX do art. 37 da Constituição Federal.

§ 3º A autorização para participação em empresa privada prevista no § 2º não se aplica a operações de tesouraria, adjudicação de ações em garantia e participações autorizadas pelo Conselho de Administração em linha com o plano de negócios da empresa pública, da sociedade de economia mista e de suas respectivas subsidiárias.

Art. 3º Empresa pública é a entidade dotada de personalidade jurídica de direito privado, com criação autorizada por lei e com patrimônio próprio, cujo capital social é integralmente detido pela União, pelos Estados, pelo Distrito Federal ou pelos Municípios.

Parágrafo único. Desde que a maioria do capital votante permaneça em propriedade da União, do Estado, do Distrito Federal ou do Município, será admitida, no capital da empresa pública, a participação de outras pessoas jurídicas de direito público interno, bem como de entidades da administração indireta da União, dos Estados, do Distrito Federal e dos Municípios.

Art. 4º Sociedade de economia mista é a entidade dotada de personalidade jurídica de direito privado, com criação autorizada por lei, sob a forma de sociedade anônima, cujas ações com direito

LEI Nº 13.303/2016   Arts. 4º a 7º

a voto pertençam em sua maioria à União, aos Estados, ao Distrito Federal, aos Municípios ou a entidade da administração indireta.

§ 1º A pessoa jurídica que controla a sociedade de economia mista tem os deveres e as responsabilidades do acionista controlador, estabelecidos na Lei nº 6.404, de 15 de dezembro de 1976, e deverá exercer o poder de controle no interesse da companhia, respeitado o interesse público que justificou sua criação.

§ 2º Além das normas previstas nesta Lei, a sociedade de economia mista com registro na Comissão de Valores Mobiliários sujeita-se às disposições da Lei nº 6.385, de 7 de dezembro de 1976.

CAPÍTULO II - DO REGIME SOCIETÁRIO DA EMPRESA PÚBLICA E DA SOCIEDADE DE ECONOMIA MISTA

Seção I - Das Normas Gerais

Art. 5º A sociedade de economia mista será constituída sob a forma de sociedade anônima e, ressalvado o disposto nesta Lei, estará sujeita ao regime previsto na Lei nº 6.404, de 15 de dezembro de 1976.

Art. 6º O estatuto da empresa pública, da sociedade de economia mista e de suas subsidiárias deverá observar regras de governança corporativa, de transparência e de estruturas, práticas de gestão de riscos e de controle interno, composição da administração e, havendo acionistas, mecanismos para sua proteção, todos constantes desta Lei.

Art. 7º Aplicam-se a todas as empresas públicas, as sociedades de economia mista de capital fechado e as suas subsidiárias as disposições da Lei nº 6.404, de 15 de dezembro de 1976, e as normas da Comissão de Valores Mobiliários sobre escrituração e elaboração de demonstrações financeiras, inclusive a obrigatoriedade de auditoria independente por auditor registrado nesse órgão.

Art. 8º As empresas públicas e as sociedades de economia mista deverão observar, no mínimo, os seguintes requisitos de transparência:

I - elaboração de carta anual, subscrita pelos membros do Conselho de Administração, com a explicitação dos compromissos de consecução de objetivos de políticas públicas pela empresa pública, pela sociedade de economia mista e por suas subsidiárias, em atendimento ao interesse coletivo ou ao imperativo de segurança nacional que justificou a autorização para suas respectivas criações, com definição clara dos recursos a serem empregados para esse fim, bem como dos impactos econômico-financeiros da consecução desses objetivos, mensuráveis por meio de indicadores objetivos;

II - adequação de seu estatuto social à autorização legislativa de sua criação;

III - divulgação tempestiva e atualizada de informações relevantes, em especial as relativas a atividades desenvolvidas, estrutura de controle, fatores de risco, dados econômico-financeiros, comentários dos administradores sobre o desempenho, políticas e práticas de governança corporativa e descrição da composição e da remuneração da administração;

IV - elaboração e divulgação de política de divulgação de informações, em conformidade com a legislação em vigor e com as melhores práticas;

V - elaboração de política de distribuição de dividendos, à luz do interesse público que justificou a criação da empresa pública ou da sociedade de economia mista;

VI - divulgação, em nota explicativa às demonstrações financeiras, dos dados operacionais e financeiros das atividades relacionadas à consecução dos fins de interesse coletivo ou de segurança nacional;

VII - elaboração e divulgação da política de transações com partes relacionadas, em conformidade com os requisitos de competitividade, conformidade, transparência, equidade e comutatividade, que deverá ser revista, no mínimo, anualmente e aprovada pelo Conselho de Administração;

VIII - ampla divulgação, ao público em geral, de carta anual de governança corporativa, que consolide em um único documento escrito, em linguagem clara e direta, as informações de que trata o inciso III;

IX - divulgação anual de relatório integrado ou de sustentabilidade.

§ 1º O interesse público da empresa pública e da sociedade de economia mista, respeitadas as razões que motivaram a autorização legislativa, manifesta-se por meio do alinhamento entre seus objetivos e aqueles de políticas públicas, na forma explicitada na carta anual a que se refere o inciso I do caput.

§ 2º Quaisquer obrigações e responsabilidades que a empresa pública e a sociedade de economia mista que explorem atividade econômica assumam em condições distintas às de qualquer outra empresa do setor privado em que atuam deverão:

I - estar claramente definidas em lei ou regulamento, bem como previstas em contrato, convênio ou ajuste celebrado com o ente público competente para estabelecê-las, observada a ampla publicidade desses instrumentos;

II - ter seu custo e suas receitas discriminados e divulgados de forma transparente, inclusive no plano contábil.

§ 3º Além das obrigações contidas neste artigo, as sociedades de economia mista com registro na Comissão de Valores Mobiliários sujeitam-se ao regime informacional estabelecido por essa autarquia e devem divulgar as informações previstas neste artigo na forma fixada em suas normas.

§ 4º Os documentos resultantes do cumprimento dos requisitos de transparência constantes dos incisos I a IX do caput deverão ser publicamente divulgados na internet de forma permanente e cumulativa.

Art. 9º A empresa pública e a sociedade de economia mista adotarão regras de estruturas e práticas de gestão de riscos e controle interno que abranjam:

I - ação dos administradores e empregados, por meio da implementação cotidiana de práticas de controle interno;

II - área responsável pela verificação de cumprimento de obrigações e de gestão de riscos;

III - auditoria interna e Comitê de Auditoria Estatutário.

§ 1º Deverá ser elaborado e divulgado Código de Conduta e Integridade, que disponha sobre:

I - princípios, valores e missão da empresa pública e da sociedade de economia mista, bem como orientações sobre a prevenção de conflito de interesses e vedação de atos de corrupção e fraude;

II - instâncias internas responsáveis pela atualização e aplicação do Código de Conduta e Integridade;

III - canal de denúncias que possibilite o recebimento de denúncias internas e externas relativas ao descumprimento do

LEI Nº 13.303/2016

Arts. 9º a 10

Código de Conduta e Integridade e das demais normas internas de ética e obrigacionais;

IV - mecanismos de proteção que impeçam qualquer espécie de retaliação a pessoa que utilize o canal de denúncias;

V - sanções aplicáveis em caso de violação às regras do Código de Conduta e Integridade;

VI - previsão de treinamento periódico, no mínimo anual, sobre Código de Conduta e Integridade, a empregados e administradores, e sobre a política de gestão de riscos, a administradores.

§ 2º A área responsável pela verificação de cumprimento de obrigações e de gestão de riscos deverá ser vinculada ao diretor-presidente e liderada por diretor estatutário, devendo o estatuto social prever as atribuições da área, bem como estabelecer mecanismos que assegurem atuação independente.

§ 3º A auditoria interna deverá:

I - ser vinculada ao Conselho de Administração, diretamente ou por meio do Comitê de Auditoria Estatutário;

II - ser responsável por aferir a adequação do controle interno, a efetividade do gerenciamento dos riscos e dos processos de governança e a confiabilidade do processo de coleta, mensuração, classificação, acumulação, registro e divulgação de eventos e transações, visando ao preparo de demonstrações financeiras.

§ 4º O estatuto social deverá prever, ainda, a possibilidade de que a área de *compliance* se reporte diretamente ao Conselho de Administração em situações em que se suspeite do envolvimento do diretor-presidente em irregularidades ou quando este se furtar à obrigação de adotar medidas necessárias em relação à situação a ele relatada.

Art. 10. A empresa pública e a sociedade de economia mista deverão criar comitê estatutário para verificar a conformidade do processo de indicação e de avaliação de membros para o Conselho de Administração e para o Conselho Fiscal, com competência para auxiliar o acionista controlador na indicação desses membros.

Parágrafo único. Devem ser divulgadas as atas das reuniões do comitê estatutário referido no caput realizadas com o fim de verificar o cumprimento, pelos membros indicados, dos requisitos definidos na política de indicação, devendo ser registradas as eventuais manifestações divergentes de conselheiros.

Art. 11. A empresa pública não poderá:

I - lançar debêntures ou outros títulos ou valores mobiliários, conversíveis em ações;

II - emitir partes beneficiárias.

Art. 12. A empresa pública e a sociedade de economia mista deverão:

I - divulgar toda e qualquer forma de remuneração dos administradores;

II - adequar constantemente suas práticas ao Código de Conduta e Integridade e a outras regras de boa prática de governança corporativa, na forma estabelecida na regulamentação desta Lei.

Parágrafo único. A sociedade de economia mista poderá solucionar, mediante arbitragem, as divergências entre acionistas e a sociedade, ou entre acionistas controladores e acionistas minoritários, nos termos previstos em seu estatuto social.

Art. 13. A lei que autorizar a criação da empresa pública e da sociedade de economia mista deverá dispor sobre as diretrizes e restrições a serem consideradas na elaboração do estatuto da companhia, em especial sobre:

Lei nº 13.303/2016 Arts. 13 e 14

I - constituição e funcionamento do Conselho de Administração, observados o número mínimo de 7 (sete) e o número máximo de 11 (onze) membros;

II - requisitos específicos para o exercício do cargo de diretor, observado o número mínimo de 3 (três) diretores;

III - avaliação de desempenho, individual e coletiva, de periodicidade anual, dos administradores e dos membros de comitês, observados os seguintes quesitos mínimos:

a) exposição dos atos de gestão praticados, quanto à licitude e à eficácia da ação administrativa;

b) contribuição para o resultado do exercício;

c) consecução dos objetivos estabelecidos no plano de negócios e atendimento à estratégia de longo prazo;

IV - constituição e funcionamento do Conselho Fiscal, que exercerá suas atribuições de modo permanente;

V - constituição e funcionamento do Comitê de Auditoria Estatutário;

VI - prazo de gestão dos membros do Conselho de Administração e dos indicados para o cargo de diretor, que será unificado e não superior a 2 (dois) anos, sendo permitidas, no máximo, 3 (três) reconduções consecutivas;

VII - (VETADO);

VIII - prazo de gestão dos membros do Conselho Fiscal não superior a 2 (dois) anos, permitidas 2 (duas) reconduções consecutivas.

Seção II - Do Acionista Controlador

Art. 14. O acionista controlador da empresa pública e da sociedade de economia mista deverá:

I - fazer constar do Código de Conduta e Integridade, aplicável à alta administração, a vedação à divulgação, sem autorização do órgão competente da empresa pública ou da sociedade de economia mista, de informação que possa causar impacto na cotação dos títulos da empresa pública ou da sociedade de economia mista e em suas relações com o mercado ou com consumidores e fornecedores;

II - preservar a independência do Conselho de Administração no exercício de suas funções;

III - observar a política de indicação na escolha dos administradores e membros do Conselho Fiscal.

Art. 15. O acionista controlador da empresa pública e da sociedade de economia mista responderá pelos atos praticados com abuso de poder, nos termos da Lei nº 6.404, de 15 de dezembro de 1976.

§ 1º A ação de reparação poderá ser proposta pela sociedade, nos termos do art. 246 da Lei nº 6.404, de 15 de dezembro de 1976, pelo terceiro prejudicado ou pelos demais sócios, independentemente de autorização da assembleia-geral de acionistas.

§ 2º Prescreve em 6 (seis) anos, contados da data da prática do ato abusivo, a ação a que se refere o § 1º.

Seção III - Do Administrador

Art. 16. Sem prejuízo do disposto nesta Lei, o administrador de empresa pública e de sociedade de economia mista é submetido às normas previstas na Lei nº 6.404, de 15 de dezembro de 1976.

Parágrafo único. Consideram-se administradores da empresa pública e da sociedade de economia mista os membros do Conselho de Administração e da diretoria.

LEI Nº 13.303/2016   Art. 17

Art. 17. Os membros do Conselho de Administração e os indicados para os cargos de diretor, inclusive presidente, diretor-geral e diretor-presidente, serão escolhidos entre cidadãos de reputação ilibada e de notório conhecimento, devendo ser atendidos, alternativamente, um dos requisitos das alíneas "a", "b" e "c" do inciso I e, cumulativamente, os requisitos dos incisos II e III:

I - ter experiência profissional de, no mínimo:

a) 10 (dez) anos, no setor público ou privado, na área de atuação da empresa pública ou da sociedade de economia mista ou em área conexa àquela para a qual forem indicados em função de direção superior; ou

b) 4 (quatro) anos ocupando pelo menos um dos seguintes cargos:

1. cargo de direção ou de chefia superior em empresa de porte ou objeto social semelhante ao da empresa pública ou da sociedade de economia mista, entendendo-se como cargo de chefia superior aquele situado nos 2 (dois) níveis hierárquicos não estatutários mais altos da empresa;

2. cargo em comissão ou função de confiança equivalente a DAS-4 ou superior, no setor público;

3. cargo de docente ou de pesquisador em áreas de atuação da empresa pública ou da sociedade de economia mista;

c) 4 (quatro) anos de experiência como profissional liberal em atividade direta ou indiretamente vinculada à área de atuação da empresa pública ou sociedade de economia mista;

II - ter formação acadêmica compatível com o cargo para o qual foi indicado; e

III - não se enquadrar nas hipóteses de inelegibilidade previstas nas alíneas do inciso I do caput do art. 1º da Lei Complementar nº 64, de 18 de maio de 1990, com as alterações introduzidas pela Lei Complementar nº 135, de 4 de junho de 2010.

§ 1º O estatuto da empresa pública, da sociedade de economia mista e de suas subsidiárias poderá dispor sobre a contratação de seguro de responsabilidade civil pelos administradores.

§ 2º É vedada a indicação, para o Conselho de Administração e para a diretoria:

I - de representante do órgão regulador ao qual a empresa pública ou a sociedade de economia mista está sujeita, de Ministro de Estado, de Secretário de Estado, de Secretário Municipal, de titular de cargo, sem vínculo permanente com o serviço público, de natureza especial ou de direção e assessoramento superior na administração pública, de dirigente estatutário de partido político e de titular de mandato no Poder Legislativo de qualquer ente da federação, ainda que licenciados do cargo;

II - de pessoa que atuou, nos últimos 36 (trinta e seis) meses, como participante de estrutura decisória de partido político ou em trabalho vinculado a organização, estruturação e realização de campanha eleitoral;

III - de pessoa que exerça cargo em organização sindical;

IV - de pessoa que tenha firmado contrato ou parceria, como fornecedor ou comprador, demandante ou ofertante, de bens ou serviços de qualquer natureza, com a pessoa político-administrativa controladora da empresa pública ou da sociedade de economia mista ou com a própria empresa ou sociedade em período inferior a 3 (três) anos antes da data de nomeação;

V - de pessoa que tenha ou possa ter qualquer forma de conflito de interesse com a pessoa político-administrativa controladora da

Lei nº 13.303/2016

Arts. 17 a 18

empresa pública ou da sociedade de economia mista ou com a própria empresa ou sociedade.

§ 3º A vedação prevista no inciso I do § 2º estende-se também aos parentes consanguíneos ou afins até o terceiro grau das pessoas nele mencionadas.

§ 4º Os administradores eleitos devem participar, na posse e anualmente, de treinamentos específicos sobre legislação societária e de mercado de capitais, divulgação de informações, controle interno, código de conduta, a Lei nº 12.846, de 1º de agosto de 2013 (Lei Anticorrupção), e demais temas relacionados às atividades da empresa pública ou da sociedade de economia mista.

§ 5º Os requisitos previstos no inciso I do caput poderão ser dispensados no caso de indicação de empregado da empresa pública ou da sociedade de economia mista para cargo de administrador ou como membro de comitê, desde que atendidos os seguintes quesitos mínimos:

I - o empregado tenha ingressado na empresa pública ou na sociedade de economia mista por meio de concurso público de provas ou de provas e títulos;

II - o empregado tenha mais de 10 (dez) anos de trabalho efetivo na empresa pública ou na sociedade de economia mista;

III - o empregado tenha ocupado cargo na gestão superior da empresa pública ou da sociedade de economia mista, comprovando sua capacidade para assumir as responsabilidades dos cargos de que trata o caput.

Seção IV - Do Conselho de Administração

Art. 18. Sem prejuízo das competências previstas no art. 142 da Lei nº 6.404, de 15 de dezembro de 1976, e das demais atribuições previstas nesta Lei, compete ao Conselho de Administração:

I - discutir, aprovar e monitorar decisões envolvendo práticas de governança corporativa, relacionamento com partes interessadas, política de gestão de pessoas e código de conduta dos agentes;

II - implementar e supervisionar os sistemas de gestão de riscos e de controle interno estabelecidos para a prevenção e mitigação dos principais riscos a que está exposta a empresa pública ou a sociedade de economia mista, inclusive os riscos relacionados à integridade das informações contábeis e financeiras e os relacionados à ocorrência de corrupção e fraude;

III - estabelecer política de porta-vozes visando a eliminar risco de contradição entre informações de diversas áreas e as dos executivos da empresa pública ou da sociedade de economia mista;

IV - avaliar os diretores da empresa pública ou da sociedade de economia mista, nos termos do inciso III do art. 13, podendo contar com apoio metodológico e procedimental do comitê estatutário referido no art. 10.

Art. 19. É garantida a participação, no Conselho de Administração, de representante dos empregados e dos acionistas minoritários.

§ 1º As normas previstas na Lei nº 12.353, de 28 de dezembro de 2010, aplicam-se à participação de empregados no Conselho de Administração da empresa pública, da sociedade de economia mista e de suas subsidiárias e controladas e das demais empresas em que a União, direta ou indiretamente, detenha a maioria do capital social com direito a voto.

§ 2º É assegurado aos acionistas minoritários o direito de eleger 1 (um) conselheiro, se maior número não lhes couber pelo processo de voto múltiplo previsto na Lei nº 6.404, de 15 de dezembro de 1976.

LEI Nº 13.303/2016   Arts. 20 a 22

Art. 20. É vedada a participação remunerada de membros da administração pública, direta ou indireta, em mais de 2 (dois) conselhos, de administração ou fiscal, de empresa pública, de sociedade de economia mista ou de suas subsidiárias.

Art. 21. (VETADO).

Parágrafo único. (VETADO).

Seção V - Do Membro Independente do Conselho de Administração

Art. 22. O Conselho de Administração deve ser composto, no mínimo, por 25% (vinte e cinco por cento) de membros independentes ou por pelo menos 1 (um), caso haja decisão pelo exercício da faculdade do voto múltiplo pelos acionistas minoritários, nos termos do art. 141 da Lei nº 6.404, de 15 de dezembro de 1976.

§ 1º O conselheiro independente caracteriza-se por:

I - não ter qualquer vínculo com a empresa pública ou a sociedade de economia mista, exceto participação de capital;

II - não ser cônjuge ou parente consanguíneo ou afim, até o terceiro grau ou por adoção, de chefe do Poder Executivo, de Ministro de Estado, de Secretário de Estado ou Município ou de administrador da empresa pública ou da sociedade de economia mista;

III - não ter mantido, nos últimos 3 (três) anos, vínculo de qualquer natureza com a empresa pública, a sociedade de economia mista ou seus controladores, que possa vir a comprometer sua independência;

IV - não ser ou não ter sido, nos últimos 3 (três) anos, empregado ou diretor da empresa pública, da sociedade de economia mista ou de sociedade controlada, coligada ou subsidiária da empresa pública ou da sociedade de economia mista, exceto se o vínculo for exclusivamente com instituições públicas de ensino ou pesquisa;

V - não ser fornecedor ou comprador, direto ou indireto, de serviços ou produtos da empresa pública ou da sociedade de economia mista, de modo a implicar perda de independência;

VI - não ser funcionário ou administrador de sociedade ou entidade que esteja oferecendo ou demandando serviços ou produtos à empresa pública ou à sociedade de economia mista, de modo a implicar perda de independência;

VII - não receber outra remuneração da empresa pública ou da sociedade de economia mista além daquela relativa ao cargo de conselheiro, à exceção de proventos em dinheiro oriundos de participação no capital.

§ 2º Quando, em decorrência da observância do percentual mencionado no caput, resultar número fracionário de conselheiros, proceder-se-á ao arredondamento para o número inteiro:

I - imediatamente superior, quando a fração for igual ou superior a 0,5 (cinco décimos);

II - imediatamente inferior, quando a fração for inferior a 0,5 (cinco décimos).

§ 3º Não serão consideradas, para o cômputo das vagas destinadas a membros independentes, aquelas ocupadas pelos conselheiros eleitos por empregados, nos termos do § 1º do art. 19.

§ 4º Serão consideradas, para o cômputo das vagas destinadas a membros independentes, aquelas ocupadas pelos conselheiros eleitos por acionistas minoritários, nos termos do § 2º do art. 19.

§ 5º (VETADO).

LEI Nº 13.303/2016 — Arts. 23 a 24

Seção VI - Da Diretoria

Art. 23. É condição para investidura em cargo de diretoria da empresa pública e da sociedade de economia mista a assunção de compromisso com metas e resultados específicos a serem alcançados, que deverá ser aprovado pelo Conselho de Administração, a quem incumbe fiscalizar seu cumprimento.

§ 1º Sem prejuízo do disposto no caput, a diretoria deverá apresentar, até a última reunião ordinária do Conselho de Administração do ano anterior, a quem compete sua aprovação:

I - plano de negócios para o exercício anual seguinte;

II - estratégia de longo prazo atualizada com análise de riscos e oportunidades para, no mínimo, os próximos 5 (cinco) anos.

§ 2º Compete ao Conselho de Administração, sob pena de seus integrantes responderem por omissão, promover anualmente análise de atendimento das metas e resultados na execução do plano de negócios e da estratégia de longo prazo, devendo publicar suas conclusões e informá-las ao Congresso Nacional, às Assembleias Legislativas, à Câmara Legislativa do Distrito Federal ou às Câmaras Municipais e aos respectivos tribunais de contas, quando houver.

§ 3º Excluem-se da obrigação de publicação a que se refere o § 2º as informações de natureza estratégica cuja divulgação possa ser comprovadamente prejudicial ao interesse da empresa pública ou da sociedade de economia mista.

Seção VII - Do Comitê de Auditoria Estatutário

Art. 24. A empresa pública e a sociedade de economia mista deverão possuir em sua estrutura societária Comitê de Auditoria Estatutário como órgão auxiliar do Conselho de Administração, ao qual se reportará diretamente.

§ 1º Competirá ao Comitê de Auditoria Estatutário, sem prejuízo de outras competências previstas no estatuto da empresa pública ou da sociedade de economia mista:

I - opinar sobre a contratação e destituição de auditor independente;

II - supervisionar as atividades dos auditores independentes, avaliando sua independência, a qualidade dos serviços prestados e a adequação de tais serviços às necessidades da empresa pública ou da sociedade de economia mista;

III - supervisionar as atividades desenvolvidas nas áreas de controle interno, de auditoria interna e de elaboração das demonstrações financeiras da empresa pública ou da sociedade de economia mista;

IV - monitorar a qualidade e a integridade dos mecanismos de controle interno, das demonstrações financeiras e das informações e medições divulgadas pela empresa pública ou pela sociedade de economia mista;

V - avaliar e monitorar exposições de risco da empresa pública ou da sociedade de economia mista, podendo requerer, entre outras, informações detalhadas sobre políticas e procedimentos referentes a:

a) remuneração da administração;

b) utilização de ativos da empresa pública ou da sociedade de economia mista;

c) gastos incorridos em nome da empresa pública ou da sociedade de economia mista;

VI - avaliar e monitorar, em conjunto com a administração e a área de auditoria interna, a adequação das transações com partes

LEI Nº 13.303/2016 Art. 24

relacionadas;

VII - elaborar relatório anual com informações sobre as atividades, os resultados, as conclusões e as recomendações do Comitê de Auditoria Estatutário, registrando, se houver, as divergências significativas entre administração, auditoria independente e Comitê de Auditoria Estatutário em relação às demonstrações financeiras;

VIII - avaliar a razoabilidade dos parâmetros em que se fundamentam os cálculos atuariais, bem como o resultado atuarial dos planos de benefícios mantidos pelo fundo de pensão, quando a empresa pública ou a sociedade de economia mista for patrocinadora de entidade fechada de previdência complementar.

§ 2º O Comitê de Auditoria Estatutário deverá possuir meios para receber denúncias, inclusive sigilosas, internas e externas à empresa pública ou à sociedade de economia mista, em matérias relacionadas ao escopo de suas atividades.

§ 3º O Comitê de Auditoria Estatutário deverá se reunir quando necessário, no mínimo bimestralmente, de modo que as informações contábeis sejam sempre apreciadas antes de sua divulgação.

§ 4º A empresa pública e a sociedade de economia mista deverão divulgar as atas das reuniões do Comitê de Auditoria Estatutário.

§ 5º Caso o Conselho de Administração considere que a divulgação da ata possa pôr em risco interesse legítimo da empresa pública ou da sociedade de economia mista, a empresa pública ou a sociedade de economia mista divulgará apenas o extrato das atas.

§ 6º A restrição prevista no § 5º não será oponível aos órgãos de controle, que terão total e irrestrito acesso ao conteúdo das atas do

Comitê de Auditoria Estatutário, observada a transferência de sigilo.

§ 7º O Comitê de Auditoria Estatutário deverá possuir autonomia operacional e dotação orçamentária, anual ou por projeto, dentro de limites aprovados pelo Conselho de Administração, para conduzir ou determinar a realização de consultas, avaliações e investigações dentro do escopo de suas atividades, inclusive com a contratação e utilização de especialistas externos independentes.

Art. 25. O Comitê de Auditoria Estatutário será integrado por, no mínimo, 3 (três) e, no máximo, 5 (cinco) membros, em sua maioria independentes.

§ 1º São condições mínimas para integrar o Comitê de Auditoria Estatutário:

I - não ser ou ter sido, nos 12 (doze) meses anteriores à nomeação para o Comitê:

a) diretor, empregado ou membro do conselho fiscal da empresa pública ou sociedade de economia mista ou de sua controladora, controlada, coligada ou sociedade em controle comum, direta ou indireta;

b) responsável técnico, diretor, gerente, supervisor ou qualquer outro integrante com função de gerência de equipe envolvida nos trabalhos de auditoria na empresa pública ou sociedade de economia mista;

II - não ser cônjuge ou parente consanguíneo ou afim, até o segundo grau ou por adoção, das pessoas referidas no inciso I;

III - não receber qualquer outro tipo de remuneração da empresa pública ou sociedade de economia mista ou de sua controladora, controlada, coligada ou sociedade em controle

LEI Nº 13.303/2016   Arts. 25 e 26

comum, direta ou indireta, que não seja aquela relativa à função de integrante do Comitê de Auditoria Estatutário;

IV - não ser ou ter sido ocupante de cargo público efetivo, ainda que licenciado, ou de cargo em comissão da pessoa jurídica de direito público que exerça o controle acionário da empresa pública ou sociedade de economia mista, nos 12 (doze) meses anteriores à nomeação para o Comitê de Auditoria Estatutário.

§ 2º Ao menos 1 (um) dos membros do Comitê de Auditoria Estatutário deve ter reconhecida experiência em assuntos de contabilidade societária.

§ 3º O atendimento às previsões deste artigo deve ser comprovado por meio de documentação mantida na sede da empresa pública ou sociedade de economia mista pelo prazo mínimo de 5 (cinco) anos, contado a partir do último dia de mandato do membro do Comitê de Auditoria Estatutário.

Seção VIII - Do Conselho Fiscal

Art. 26. Além das normas previstas nesta Lei, aplicam-se aos membros do Conselho Fiscal da empresa pública e da sociedade de economia mista as disposições previstas na Lei nº 6.404, de 15 de dezembro de 1976, relativas a seus poderes, deveres e responsabilidades, a requisitos e impedimentos para investidura e a remuneração, além de outras disposições estabelecidas na referida Lei.

§ 1º Podem ser membros do Conselho Fiscal pessoas naturais, residentes no País, com formação acadêmica compatível com o exercício da função e que tenham exercido, por prazo mínimo de 3 (três) anos, cargo de direção ou assessoramento na administração pública ou cargo de conselheiro fiscal ou administrador em empresa.

§ 2º O Conselho Fiscal contará com pelo menos 1 (um) membro indicado pelo ente controlador, que deverá ser servidor público com vínculo permanente com a administração pública.

CAPÍTULO III – DA FUNÇÃO SOCIAL DA EMPRESA PÚBLICA E DA SOCIEDADE DE ECONOMIA MISTA

Art. 27. A empresa pública e a sociedade de economia mista terão a função social de realização do interesse coletivo ou de atendimento a imperativo da segurança nacional expressa no instrumento de autorização legal para a sua criação.

§ 1º A realização do interesse coletivo de que trata este artigo deverá ser orientada para o alcance do bem-estar econômico e para a alocação socialmente eficiente dos recursos geridos pela empresa pública e pela sociedade de economia mista, bem como para o seguinte:

I - ampliação economicamente sustentada do acesso de consumidores aos produtos e serviços da empresa pública ou da sociedade de economia mista;

II - desenvolvimento ou emprego de tecnologia brasileira para produção e oferta de produtos e serviços da empresa pública ou da sociedade de economia mista, sempre de maneira economicamente justificada.

§ 2º A empresa pública e a sociedade de economia mista deverão, nos termos da lei, adotar práticas de sustentabilidade ambiental e de responsabilidade social corporativa compatíveis com o mercado em que atuam.

§ 3º A empresa pública e a sociedade de economia mista poderão celebrar convênio ou contrato de patrocínio com pessoa

LEI Nº 13.303/2016 — Art. 28

física ou com pessoa jurídica para promoção de atividades culturais, sociais, esportivas, educacionais e de inovação tecnológica, desde que comprovadamente vinculadas ao fortalecimento de sua marca, observando-se, no que couber, as normas de licitação e contratos desta Lei.

TÍTULO II - DISPOSIÇÕES APLICÁVEIS ÀS EMPRESAS PÚBLICAS, ÀS SOCIEDADES DE ECONOMIA MISTA E ÀS SUAS SUBSIDIÁRIAS QUE EXPLOREM ATIVIDADE ECONÔMICA DE PRODUÇÃO OU COMERCIALIZAÇÃO DE BENS OU DE PRESTAÇÃO DE SERVIÇOS, AINDA QUE A ATIVIDADE ECONÔMICA ESTEJA SUJEITA AO REGIME DE MONOPÓLIO DA UNIÃO OU SEJA DE PRESTAÇÃO DE SERVIÇOS PÚBLICOS

CAPÍTULO I – DAS LICITAÇÕES

Seção I - Da Exigência de Licitação e dos Casos de Dispensa e de Inexigibilidade

Art. 28. Os contratos com terceiros destinados à prestação de serviços às empresas públicas e às sociedades de economia mista, inclusive de engenharia e de publicidade, à aquisição e à locação de bens, à alienação de bens e ativos integrantes do respectivo patrimônio ou à execução de obras a serem integradas a esse patrimônio, bem como à implementação de ônus real sobre tais bens, serão precedidos de licitação nos termos desta Lei, ressalvadas as hipóteses previstas nos arts. 29 e 30.

§ 1º Aplicam-se às licitações das empresas públicas e das sociedades de economia mista as disposições constantes dos arts. 42 a 49 da Lei Complementar nº 123, de 14 de dezembro de 2006.

§ 2º O convênio ou contrato de patrocínio celebrado com pessoas físicas ou jurídicas de que trata o § 3º do art. 27 observará, no que couber, as normas de licitação e contratos desta Lei.

§ 3º São as empresas públicas e as sociedades de economia mista dispensadas da observância dos dispositivos deste Capítulo nas seguintes situações:

I - comercialização, prestação ou execução, de forma direta, pelas empresas mencionadas no caput, de produtos, serviços ou obras especificamente relacionados com seus respectivos objetos sociais;

II - nos casos em que a escolha do parceiro esteja associada a suas características particulares, vinculada a oportunidades de negócio definidas e específicas, justificada a inviabilidade de procedimento competitivo.

§ 4º Consideram-se oportunidades de negócio a que se refere o inciso II do § 3º a formação e a extinção de parcerias e outras formas associativas, societárias ou contratuais, a aquisição e a alienação de participação em sociedades e outras formas associativas, societárias ou contratuais e as operações realizadas no âmbito do mercado de capitais, respeitada a regulação pelo respectivo órgão competente.

Art. 29. É dispensável a realização de licitação por empresas públicas e sociedades de economia mista:

I - para obras e serviços de engenharia de valor até R$ 100.000,00 (cem mil reais), desde que não se refiram a parcelas de uma mesma obra ou serviço ou ainda a obras e serviços de mesma natureza e no mesmo local que possam ser realizadas conjunta e concomitantemente;

II - para outros serviços e compras de valor até R$ 50.000,00

LEI Nº 13.303/2016 — Art. 29

(cinquenta mil reais) e para alienações, nos casos previstos nesta Lei, desde que não se refiram a parcelas de um mesmo serviço, compra ou alienação de maior vulto que possa ser realizado de uma só vez;

III - quando não acudirem interessados à licitação anterior e essa, justificadamente, não puder ser repetida sem prejuízo para a empresa pública ou a sociedade de economia mista, bem como para suas respectivas subsidiárias, desde que mantidas as condições preestabelecidas;

IV - quando as propostas apresentadas consignarem preços manifestamente superiores aos praticados no mercado nacional ou incompatíveis com os fixados pelos órgãos oficiais competentes;

V - para a compra ou locação de imóvel destinado ao atendimento de suas finalidades precípuas, quando as necessidades de instalação e localização condicionarem a escolha do imóvel, desde que o preço seja compatível com o valor de mercado, segundo avaliação prévia;

VI - na contratação de remanescente de obra, de serviço ou de fornecimento, em consequência de rescisão contratual, desde que atendida a ordem de classificação da licitação anterior e aceitas as mesmas condições do contrato encerrado por rescisão ou distrato, inclusive quanto ao preço, devidamente corrigido;

VII - na contratação de instituição brasileira incumbida regimental ou estatutariamente da pesquisa, do ensino ou do desenvolvimento institucional ou de instituição dedicada à recuperação social do preso, desde que a contratada detenha inquestionável reputação ético-profissional e não tenha fins lucrativos;

VIII - para a aquisição de componentes ou peças de origem nacional ou estrangeira necessários à manutenção de equipamentos durante o período de garantia técnica, junto ao fornecedor original desses equipamentos, quando tal condição de exclusividade for indispensável para a vigência da garantia;

IX - na contratação de associação de pessoas com deficiência física, sem fins lucrativos e de comprovada idoneidade, para a prestação de serviços ou fornecimento de mão de obra, desde que o preço contratado seja compatível com o praticado no mercado;

X - na contratação de concessionário, permissionário ou autorizado para fornecimento ou suprimento de energia elétrica ou gás natural e de outras prestadoras de serviço público, segundo as normas da legislação específica, desde que o objeto do contrato tenha pertinência com o serviço público.

XI - nas contratações entre empresas públicas ou sociedades de economia mista e suas respectivas subsidiárias, para aquisição ou alienação de bens e prestação ou obtenção de serviços, desde que os preços sejam compatíveis com os praticados no mercado e que o objeto do contrato tenha relação com a atividade da contratada prevista em seu estatuto social;

XII - na contratação de coleta, processamento e comercialização de resíduos sólidos urbanos recicláveis ou reutilizáveis, em áreas com sistema de coleta seletiva de lixo, efetuados por associações ou cooperativas formadas exclusivamente por pessoas físicas de baixa renda que tenham como ocupação econômica a coleta de materiais recicláveis, com o uso de equipamentos compatíveis com as normas técnicas, ambientais e de saúde pública;

XIII - para o fornecimento de bens e serviços, produzidos ou prestados no País, que envolvam, cumulativamente, alta complexidade tecnológica e defesa nacional, mediante parecer de

LEI Nº 13.303/2016 — Art. 29

comissão especialmente designada pelo dirigente máximo da empresa pública ou da sociedade de economia mista;

XIV - nas contratações visando ao cumprimento do disposto nos arts. 3º, 4º, 5º e 20 da Lei nº 10.973, de 2 de dezembro de 2004, observados os princípios gerais de contratação dela constantes;

XV - em situações de emergência, quando caracterizada urgência de atendimento de situação que possa ocasionar prejuízo ou comprometer a segurança de pessoas, obras, serviços, equipamentos e outros bens, públicos ou particulares, e somente para os bens necessários ao atendimento da situação emergencial e para as parcelas de obras e serviços que possam ser concluídas no prazo máximo de 180 (cento e oitenta) dias consecutivos e ininterruptos, contado da ocorrência da emergência, vedada a prorrogação dos respectivos contratos, observado o disposto no § 2º;

XVI - na transferência de bens a órgãos e entidades da administração pública, inclusive quando efetivada mediante permuta;

XVII - na doação de bens móveis para fins e usos de interesse social, após avaliação de sua oportunidade e conveniência socioeconômica relativamente à escolha de outra forma de alienação;

XVIII - na compra e venda de ações, de títulos de crédito e de dívida e de bens que produzam ou comercializem.[1]

§ 1º Na hipótese de nenhum dos licitantes aceitar a contratação

---

[1] Ver ADI nº 5.624.

nos termos do inciso VI do caput, a empresa pública e a sociedade de economia mista poderão convocar os licitantes remanescentes, na ordem de classificação, para a celebração do contrato nas condições ofertadas por estes, desde que o respectivo valor seja igual ou inferior ao orçamento estimado para a contratação, inclusive quanto aos preços atualizados nos termos do instrumento convocatório.

§ 2º A contratação direta com base no inciso XV do caput não dispensará a responsabilização de quem, por ação ou omissão, tenha dado causa ao motivo ali descrito, inclusive no tocante ao disposto na Lei nº 8.429, de 2 de junho de 1992.

§ 3º Os valores estabelecidos nos incisos I e II do caput podem ser alterados, para refletir a variação de custos, por deliberação do Conselho de Administração da empresa pública ou sociedade de economia mista, admitindo-se valores diferenciados para cada sociedade.

Art. 30. A contratação direta será feita quando houver inviabilidade de competição, em especial na hipótese de:

I - aquisição de materiais, equipamentos ou gêneros que só possam ser fornecidos por produtor, empresa ou representante comercial exclusivo;

II - contratação dos seguintes serviços técnicos especializados, com profissionais ou empresas de notória especialização, vedada a inexigibilidade para serviços de publicidade e divulgação:

a) estudos técnicos, planejamentos e projetos básicos ou executivos;

b) pareceres, perícias e avaliações em geral;

c) assessorias ou consultorias técnicas e auditorias financeiras ou tributárias;

LEI Nº 13.303/2016   Arts. 30 e 31

d) fiscalização, supervisão ou gerenciamento de obras ou serviços;

e) patrocínio ou defesa de causas judiciais ou administrativas;

f) treinamento e aperfeiçoamento de pessoal;

g) restauração de obras de arte e bens de valor histórico.

§ 1º Considera-se de notória especialização o profissional ou a empresa cujo conceito no campo de sua especialidade, decorrente de desempenho anterior, estudos, experiência, publicações, organização, aparelhamento, equipe técnica ou outros requisitos relacionados com suas atividades, permita inferir que o seu trabalho é essencial e indiscutivelmente o mais adequado à plena satisfação do objeto do contrato.

§ 2º Na hipótese do caput e em qualquer dos casos de dispensa, se comprovado, pelo órgão de controle externo, sobrepreço ou superfaturamento, respondem solidariamente pelo dano causado quem houver decidido pela contratação direta e o fornecedor ou o prestador de serviços.

§ 3º O processo de contratação direta será instruído, no que couber, com os seguintes elementos:

I - caracterização da situação emergencial ou calamitosa que justifique a dispensa, quando for o caso;

II - razão da escolha do fornecedor ou do executante;

III - justificativa do preço.

Seção II - Disposições de Caráter Geral sobre Licitações e Contratos

Art. 31. As licitações realizadas e os contratos celebrados por empresas públicas e sociedades de economia mista destinam-se a assegurar a seleção da proposta mais vantajosa, inclusive no que se

Art. 31 — Murilo Jacoby Fernandes

refere ao ciclo de vida do objeto, e a evitar operações em que se caracterize sobrepreço ou superfaturamento, devendo observar os princípios da impessoalidade, da moralidade, da igualdade, da publicidade, da eficiência, da probidade administrativa, da economicidade, do desenvolvimento nacional sustentável, da vinculação ao instrumento convocatório, da obtenção de competitividade e do julgamento objetivo.

§ 1º Para os fins do disposto no caput, considera-se que há:

I - sobrepreço quando os preços orçados para a licitação ou os preços contratados são expressivamente superiores aos preços referenciais de mercado, podendo referir-se ao valor unitário de um item, se a licitação ou a contratação for por preços unitários de serviço, ou ao valor global do objeto, se a licitação ou a contratação for por preço global ou por empreitada;

II - superfaturamento quando houver dano ao patrimônio da empresa pública ou da sociedade de economia mista caracterizado, por exemplo:

a) pela medição de quantidades superiores às efetivamente executadas ou fornecidas;

b) pela deficiência na execução de obras e serviços de engenharia que resulte em diminuição da qualidade, da vida útil ou da segurança;

c) por alterações no orçamento de obras e de serviços de engenharia que causem o desequilíbrio econômico-financeiro do contrato em favor do contratado;

d) por outras alterações de cláusulas financeiras que gerem recebimentos contratuais antecipados, distorção do cronograma físico-financeiro, prorrogação injustificada do prazo contratual com custos adicionais para a empresa pública ou a sociedade de

LEI Nº 13.303/2016   Arts. 31 e 32

economia mista ou reajuste irregular de preços.

§ 2º O orçamento de referência do custo global de obras e serviços de engenharia deverá ser obtido a partir de custos unitários de insumos ou serviços menores ou iguais à mediana de seus correspondentes no Sistema Nacional de Pesquisa de Custos e Índices da Construção Civil (Sinapi), no caso de construção civil em geral, ou no Sistema de Custos Referenciais de Obras (Sicro), no caso de obras e serviços rodoviários, devendo ser observadas as peculiaridades geográficas.

§ 3º No caso de inviabilidade da definição dos custos consoante o disposto no § 2º, a estimativa de custo global poderá ser apurada por meio da utilização de dados contidos em tabela de referência formalmente aprovada por órgãos ou entidades da administração pública federal, em publicações técnicas especializadas, em banco de dados e sistema específico instituído para o setor ou em pesquisa de mercado.

§ 4º A empresa pública e a sociedade de economia mista poderão adotar procedimento de manifestação de interesse privado para o recebimento de propostas e projetos de empreendimentos com vistas a atender necessidades previamente identificadas, cabendo a regulamento a definição de suas regras específicas.

§ 5º Na hipótese a que se refere o § 4º, o autor ou financiador do projeto poderá participar da licitação para a execução do empreendimento, podendo ser ressarcido pelos custos aprovados pela empresa pública ou sociedade de economia mista caso não vença o certame, desde que seja promovida a cessão de direitos de que trata o art. 80.

Art. 32. Nas licitações e contratos de que trata esta Lei serão observadas as seguintes diretrizes:

I - padronização do objeto da contratação, dos instrumentos convocatórios e das minutas de contratos, de acordo com normas internas específicas;

II - busca da maior vantagem competitiva para a empresa pública ou sociedade de economia mista, considerando custos e benefícios, diretos e indiretos, de natureza econômica, social ou ambiental, inclusive os relativos à manutenção, ao desfazimento de bens e resíduos, ao índice de depreciação econômica e a outros fatores de igual relevância;

III - parcelamento do objeto, visando a ampliar a participação de licitantes, sem perda de economia de escala, e desde que não atinja valores inferiores aos limites estabelecidos no art. 29, incisos I e II;

IV - adoção preferencial da modalidade de licitação denominada pregão, instituída pela Lei nº 10.520, de 17 de julho de 2002, para a aquisição de bens e serviços comuns, assim considerados aqueles cujos padrões de desempenho e qualidade possam ser objetivamente definidos pelo edital, por meio de especificações usuais no mercado;

V - observação da política de integridade nas transações com partes interessadas.

§ 1º As licitações e os contratos disciplinados por esta Lei devem respeitar, especialmente, as normas relativas à:

I - disposição final ambientalmente adequada dos resíduos sólidos gerados pelas obras contratadas;

II - mitigação dos danos ambientais por meio de medidas condicionantes e de compensação ambiental, que serão definidas no procedimento de licenciamento ambiental;

III - utilização de produtos, equipamentos e serviços que,

LEI Nº 13.303/2016   Arts. 32 a 34

comprovadamente, reduzam o consumo de energia e de recursos naturais;

IV - avaliação de impactos de vizinhança, na forma da legislação urbanística;

V - proteção do patrimônio cultural, histórico, arqueológico e imaterial, inclusive por meio da avaliação do impacto direto ou indireto causado por investimentos realizados por empresas públicas e sociedades de economia mista;

VI - acessibilidade para pessoas com deficiência ou com mobilidade reduzida.

§ 2º A contratação a ser celebrada por empresa pública ou sociedade de economia mista da qual decorra impacto negativo sobre bens do patrimônio cultural, histórico, arqueológico e imaterial tombados dependerá de autorização da esfera de governo encarregada da proteção do respectivo patrimônio, devendo o impacto ser compensado por meio de medidas determinadas pelo dirigente máximo da empresa pública ou sociedade de economia mista, na forma da legislação aplicável.

§ 3º As licitações na modalidade de pregão, na forma eletrônica, deverão ser realizadas exclusivamente em portais de compras de acesso público na internet.

§ 4º Nas licitações com etapa de lances, a empresa pública ou sociedade de economia mista disponibilizará ferramentas eletrônicas para envio de lances pelos licitantes.

Art. 33. O objeto da licitação e do contrato dela decorrente será definido de forma sucinta e clara no instrumento convocatório.

Art. 34. O valor estimado do contrato a ser celebrado pela empresa pública ou pela sociedade de economia mista será sigiloso, facultando-se à contratante, mediante justificação na fase de preparação prevista no inciso I do art. 51 desta Lei, conferir publicidade ao valor estimado do objeto da licitação, sem prejuízo da divulgação do detalhamento dos quantitativos e das demais informações necessárias para a elaboração das propostas.

§ 1º Na hipótese em que for adotado o critério de julgamento por maior desconto, a informação de que trata o caput deste artigo constará do instrumento convocatório.

§ 2º No caso de julgamento por melhor técnica, o valor do prêmio ou da remuneração será incluído no instrumento convocatório.

§ 3º A informação relativa ao valor estimado do objeto da licitação, ainda que tenha caráter sigiloso, será disponibilizada a órgãos de controle externo e interno, devendo a empresa pública ou a sociedade de economia mista registrar em documento formal sua disponibilização aos órgãos de controle, sempre que solicitado.

§ 4º (VETADO).

Art. 35. Observado o disposto no art. 34, o conteúdo da proposta, quando adotado o modo de disputa fechado e até sua abertura, os atos e os procedimentos praticados em decorrência desta Lei submetem-se à legislação que regula o acesso dos cidadãos às informações detidas pela administração pública, particularmente aos termos da Lei nº 12.527, de 18 de novembro de 2011.

Art. 36. A empresa pública e a sociedade de economia mista poderão promover a pré-qualificação de seus fornecedores ou produtos, nos termos do art. 64.

Art. 37. A empresa pública e a sociedade de economia mista deverão informar os dados relativos às sanções por elas aplicadas aos contratados, nos termos definidos no art. 83, de forma a

LEI Nº 13.303/2016   Arts. 37 e 38

manter atualizado o cadastro de empresas inidôneas de que trata o art. 23 da Lei nº 12.846, de 1º de agosto de 2013.

§ 1º O fornecedor incluído no cadastro referido no caput não poderá disputar licitação ou participar, direta ou indiretamente, da execução de contrato.

§ 2º Serão excluídos do cadastro referido no caput, a qualquer tempo, fornecedores que demonstrarem a superação dos motivos que deram causa à restrição contra eles promovida.

Art. 38. Estará impedida de participar de licitações e de ser contratada pela empresa pública ou sociedade de economia mista a empresa:

I - cujo administrador ou sócio detentor de mais de 5% (cinco por cento) do capital social seja diretor ou empregado da empresa pública ou sociedade de economia mista contratante;

II - suspensa pela empresa pública ou sociedade de economia mista;

III - declarada inidônea pela União, por Estado, pelo Distrito Federal ou pela unidade federativa a que está vinculada a empresa pública ou sociedade de economia mista, enquanto perdurarem os efeitos da sanção;

IV - constituída por sócio de empresa que estiver suspensa, impedida ou declarada inidônea;

V - cujo administrador seja sócio de empresa suspensa, impedida ou declarada inidônea;

VI - constituída por sócio que tenha sido sócio ou administrador de empresa suspensa, impedida ou declarada inidônea, no período dos fatos que deram ensejo à sanção;

VII - cujo administrador tenha sido sócio ou administrador de empresa suspensa, impedida ou declarada inidônea, no período dos fatos que deram ensejo à sanção;

VIII - que tiver, nos seus quadros de diretoria, pessoa que participou, em razão de vínculo de mesma natureza, de empresa declarada inidônea.

Parágrafo único. Aplica-se a vedação prevista no caput:

I - à contratação do próprio empregado ou dirigente, como pessoa física, bem como à participação dele em procedimentos licitatórios, na condição de licitante;

II - a quem tenha relação de parentesco, até o terceiro grau civil, com:

a) dirigente de empresa pública ou sociedade de economia mista;

b) empregado de empresa pública ou sociedade de economia mista cujas atribuições envolvam a atuação na área responsável pela licitação ou contratação;

c) autoridade do ente público a que a empresa pública ou sociedade de economia mista esteja vinculada.

III - cujo proprietário, mesmo na condição de sócio, tenha terminado seu prazo de gestão ou rompido seu vínculo com a respectiva empresa pública ou sociedade de economia mista promotora da licitação ou contratante há menos de 6 (seis) meses.

Art. 39. Os procedimentos licitatórios, a pré-qualificação e os contratos disciplinados por esta Lei serão divulgados em portal específico mantido pela empresa pública ou sociedade de economia mista na internet, devendo ser adotados os seguintes prazos mínimos para apresentação de propostas ou lances, contados a partir da divulgação do instrumento convocatório:

I - para aquisição de bens:

a) 5 (cinco) dias úteis, quando adotado como critério de

LEI Nº 13.303/2016   Arts. 39 a 41

julgamento o menor preço ou o maior desconto;

b) 10 (dez) dias úteis, nas demais hipóteses;

II - para contratação de obras e serviços:

a) 15 (quinze) dias úteis, quando adotado como critério de julgamento o menor preço ou o maior desconto;

b) 30 (trinta) dias úteis, nas demais hipóteses;

III - no mínimo 45 (quarenta e cinco) dias úteis para licitação em que se adote como critério de julgamento a melhor técnica ou a melhor combinação de técnica e preço, bem como para licitação em que haja contratação semi-integrada ou integrada.

Parágrafo único. As modificações promovidas no instrumento convocatório serão objeto de divulgação nos mesmos termos e prazos dos atos e procedimentos originais, exceto quando a alteração não afetar a preparação das propostas.

Art. 40. As empresas públicas e as sociedades de economia mista deverão publicar e manter atualizado regulamento interno de licitações e contratos, compatível com o disposto nesta Lei, especialmente quanto a:

I - glossário de expressões técnicas;

II - cadastro de fornecedores;

III - minutas-padrão de editais e contratos;

IV - procedimentos de licitação e contratação direta;

V - tramitação de recursos;

VI - formalização de contratos;

VII - gestão e fiscalização de contratos;

VIII - aplicação de penalidades;

IX - recebimento do objeto do contrato.

Art. 41. Aplicam-se às licitações e contratos regidos por esta Lei as normas de direito penal contidas nos arts. 89 a 99 da Lei nº

Arts. 41 e 42 — MURILO JACOBY FERNANDES

8.666, de 21 de junho de 1993.

Seção III - Das Normas Específicas para Obras e Serviços

Art. 42. Na licitação e na contratação de obras e serviços por empresas públicas e sociedades de economia mista, serão observadas as seguintes definições:

I - empreitada por preço unitário: contratação por preço certo de unidades determinadas;

II - empreitada por preço global: contratação por preço certo e total;

III - tarefa: contratação de mão de obra para pequenos trabalhos por preço certo, com ou sem fornecimento de material;

IV - empreitada integral: contratação de empreendimento em sua integralidade, com todas as etapas de obras, serviços e instalações necessárias, sob inteira responsabilidade da contratada até a sua entrega ao contratante em condições de entrada em operação, atendidos os requisitos técnicos e legais para sua utilização em condições de segurança estrutural e operacional e com as características adequadas às finalidades para as quais foi contratada;

V - contratação semi-integrada: contratação que envolve a elaboração e o desenvolvimento do projeto executivo, a execução de obras e serviços de engenharia, a montagem, a realização de testes, a pré-operação e as demais operações necessárias e suficientes para a entrega final do objeto, de acordo com o estabelecido nos §§ 1º e 3º deste artigo;

VI - contratação integrada: contratação que envolve a elaboração e o desenvolvimento dos projetos básico e executivo, a execução de obras e serviços de engenharia, a montagem, a

LEI Nº 13.303/2016 — Art. 42

realização de testes, a pré-operação e as demais operações necessárias e suficientes para a entrega final do objeto, de acordo com o estabelecido nos §§ 1º, 2º e 3º deste artigo;

VII - anteprojeto de engenharia: peça técnica com todos os elementos de contornos necessários e fundamentais à elaboração do projeto básico, devendo conter minimamente os seguintes elementos:

a) demonstração e justificativa do programa de necessidades, visão global dos investimentos e definições relacionadas ao nível de serviço desejado;

b) condições de solidez, segurança e durabilidade e prazo de entrega;

c) estética do projeto arquitetônico;

d) parâmetros de adequação ao interesse público, à economia na utilização, à facilidade na execução, aos impactos ambientais e à acessibilidade;

e) concepção da obra ou do serviço de engenharia;

f) projetos anteriores ou estudos preliminares que embasaram a concepção adotada;

g) levantamento topográfico e cadastral;

h) pareceres de sondagem;

i) memorial descritivo dos elementos da edificação, dos componentes construtivos e dos materiais de construção, de forma a estabelecer padrões mínimos para a contratação;

VIII - projeto básico: conjunto de elementos necessários e suficientes, com nível de precisão adequado, para, observado o disposto no § 3º, caracterizar a obra ou o serviço, ou o complexo de obras ou de serviços objeto da licitação, elaborado com base nas indicações dos estudos técnicos preliminares, que assegure a viabilidade técnica e o adequado tratamento do impacto ambiental do empreendimento e que possibilite a avaliação do custo da obra e a definição dos métodos e do prazo de execução, devendo conter os seguintes elementos:

a) desenvolvimento da solução escolhida, de forma a fornecer visão global da obra e a identificar todos os seus elementos constitutivos com clareza;

b) soluções técnicas globais e localizadas, suficientemente detalhadas, de forma a minimizar a necessidade de reformulação ou de variantes durante as fases de elaboração do projeto executivo e de realização das obras e montagem;

c) identificação dos tipos de serviços a executar e de materiais e equipamentos a incorporar à obra, bem como suas especificações, de modo a assegurar os melhores resultados para o empreendimento, sem frustrar o caráter competitivo para a sua execução;

d) informações que possibilitem o estudo e a dedução de métodos construtivos, instalações provisórias e condições organizacionais para a obra, sem frustrar o caráter competitivo para a sua execução;

e) subsídios para montagem do plano de licitação e gestão da obra, compreendendo a sua programação, a estratégia de suprimentos, as normas de fiscalização e outros dados necessários em cada caso;

f) (VETADO);

IX - projeto executivo: conjunto dos elementos necessários e suficientes à execução completa da obra, de acordo com as normas técnicas pertinentes;

X - matriz de riscos: cláusula contratual definidora de riscos e

LEI Nº 13.303/2016 — Art. 42

responsabilidades entre as partes e caracterizadora do equilíbrio econômico-financeiro inicial do contrato, em termos de ônus financeiro decorrente de eventos supervenientes à contratação, contendo, no mínimo, as seguintes informações:

a) listagem de possíveis eventos supervenientes à assinatura do contrato, impactantes no equilíbrio econômico-financeiro da avença, e previsão de eventual necessidade de prolação de termo aditivo quando de sua ocorrência;

b) estabelecimento preciso das frações do objeto em que haverá liberdade das contratadas para inovar em soluções metodológicas ou tecnológicas, em obrigações de resultado, em termos de modificação das soluções previamente delineadas no anteprojeto ou no projeto básico da licitação;

c) estabelecimento preciso das frações do objeto em que não haverá liberdade das contratadas para inovar em soluções metodológicas ou tecnológicas, em obrigações de meio, devendo haver obrigação de identidade entre a execução e a solução pré-definida no anteprojeto ou no projeto básico da licitação.

§ 1º As contratações semi-integradas e integradas referidas, respectivamente, nos incisos V e VI do caput deste artigo restringir-se-ão a obras e serviços de engenharia e observarão os seguintes requisitos:

I - o instrumento convocatório deverá conter:

a) anteprojeto de engenharia, no caso de contratação integrada, com elementos técnicos que permitam a caracterização da obra ou do serviço e a elaboração e comparação, de forma isonômica, das propostas a serem ofertadas pelos particulares;

b) projeto básico, nos casos de empreitada por preço unitário, de empreitada por preço global, de empreitada integral e de

Art. 42

contratação semi-integrada, nos termos definidos neste artigo;

c) documento técnico, com definição precisa das frações do empreendimento em que haverá liberdade de as contratadas inovarem em soluções metodológicas ou tecnológicas, seja em termos de modificação das soluções previamente delineadas no anteprojeto ou no projeto básico da licitação, seja em termos de detalhamento dos sistemas e procedimentos construtivos previstos nessas peças técnicas;

d) matriz de riscos;

II - o valor estimado do objeto a ser licitado será calculado com base em valores de mercado, em valores pagos pela administração pública em serviços e obras similares ou em avaliação do custo global da obra, aferido mediante orçamento sintético ou metodologia expedita ou paramétrica;

III - o critério de julgamento a ser adotado será o de menor preço ou de melhor combinação de técnica e preço, pontuando-se na avaliação técnica as vantagens e os benefícios que eventualmente forem oferecidos para cada produto ou solução;

IV - na contratação semi-integrada, o projeto básico poderá ser alterado, desde que demonstrada a superioridade das inovações em termos de redução de custos, de aumento da qualidade, de redução do prazo de execução e de facilidade de manutenção ou operação.

§ 2º No caso dos orçamentos das contratações integradas:

I - sempre que o anteprojeto da licitação, por seus elementos mínimos, assim o permitir, as estimativas de preço devem se basear em orçamento tão detalhado quanto possível, devendo a utilização de estimativas paramétricas e a avaliação aproximada baseada em outras obras similares ser realizadas somente nas frações do empreendimento não suficientemente detalhadas no anteprojeto da

LEI Nº 13.303/2016   Arts. 42 e 43

licitação, exigindo-se das contratadas, no mínimo, o mesmo nível de detalhamento em seus demonstrativos de formação de preços;

II - quando utilizada metodologia expedita ou paramétrica para abalizar o valor do empreendimento ou de fração dele, consideradas as disposições do inciso I, entre 2 (duas) ou mais técnicas estimativas possíveis, deve ser utilizada nas estimativas de preço-base a que viabilize a maior precisão orçamentária, exigindo-se das licitantes, no mínimo, o mesmo nível de detalhamento na motivação dos respectivos preços ofertados.

§ 3º Nas contratações integradas ou semi-integradas, os riscos decorrentes de fatos supervenientes à contratação associados à escolha da solução de projeto básico pela contratante deverão ser alocados como de sua responsabilidade na matriz de riscos.

§ 4º No caso de licitação de obras e serviços de engenharia, as empresas públicas e as sociedades de economia mista abrangidas por esta Lei deverão utilizar a contratação semi-integrada, prevista no inciso V do caput, cabendo a elas a elaboração ou a contratação do projeto básico antes da licitação de que trata este parágrafo, podendo ser utilizadas outras modalidades previstas nos incisos do caput deste artigo, desde que essa opção seja devidamente justificada.

§ 5º Para fins do previsto na parte final do § 4º, não será admitida, por parte da empresa pública ou da sociedade de economia mista, como justificativa para a adoção da modalidade de contratação integrada, a ausência de projeto básico.

Art. 43. Os contratos destinados à execução de obras e serviços de engenharia admitirão os seguintes regimes:

I - empreitada por preço unitário, nos casos em que os objetos, por sua natureza, possuam imprecisão inerente de quantitativos em seus itens orçamentários;

II - empreitada por preço global, quando for possível definir previamente no projeto básico, com boa margem de precisão, as quantidades dos serviços a serem posteriormente executados na fase contratual;

III - contratação por tarefa, em contratações de profissionais autônomos ou de pequenas empresas para realização de serviços técnicos comuns e de curta duração;

IV - empreitada integral, nos casos em que o contratante necessite receber o empreendimento, normalmente de alta complexidade, em condição de operação imediata;

V - contratação semi-integrada, quando for possível definir previamente no projeto básico as quantidades dos serviços a serem posteriormente executados na fase contratual, em obra ou serviço de engenharia que possa ser executado com diferentes metodologias ou tecnologias;

VI - contratação integrada, quando a obra ou o serviço de engenharia for de natureza predominantemente intelectual e de inovação tecnológica do objeto licitado ou puder ser executado com diferentes metodologias ou tecnologias de domínio restrito no mercado.

§ 1º Serão obrigatoriamente precedidas pela elaboração de projeto básico, disponível para exame de qualquer interessado, as licitações para a contratação de obras e serviços, com exceção daquelas em que for adotado o regime previsto no inciso VI do caput deste artigo.

§ 2º É vedada a execução, sem projeto executivo, de obras e serviços de engenharia.

Art. 44. É vedada a participação direta ou indireta nas

LEI Nº 13.303/2016 Art. 44

licitações para obras e serviços de engenharia de que trata esta Lei:

I - de pessoa física ou jurídica que tenha elaborado o anteprojeto ou o projeto básico da licitação;

II - de pessoa jurídica que participar de consórcio responsável pela elaboração do anteprojeto ou do projeto básico da licitação;

III - de pessoa jurídica da qual o autor do anteprojeto ou do projeto básico da licitação seja administrador, controlador, gerente, responsável técnico, subcontratado ou sócio, neste último caso quando a participação superar 5% (cinco por cento) do capital votante.

§ 1º A elaboração do projeto executivo constituirá encargo do contratado, consoante preço previamente fixado pela empresa pública ou pela sociedade de economia mista.

§ 2º É permitida a participação das pessoas jurídicas e da pessoa física de que tratam os incisos II e III do caput deste artigo em licitação ou em execução de contrato, como consultor ou técnico, nas funções de fiscalização, supervisão ou gerenciamento, exclusivamente a serviço da empresa pública e da sociedade de economia mista interessadas.

§ 3º Para fins do disposto no caput, considera-se participação indireta a existência de vínculos de natureza técnica, comercial, econômica, financeira ou trabalhista entre o autor do projeto básico, pessoa física ou jurídica, e o licitante ou responsável pelos serviços, fornecimentos e obras, incluindo-se os fornecimentos de bens e serviços a estes necessários.

§ 4º O disposto no § 3º deste artigo aplica-se a empregados incumbidos de levar a efeito atos e procedimentos realizados pela empresa pública e pela sociedade de economia mista no curso da licitação.

Art. 45. Na contratação de obras e serviços, inclusive de engenharia, poderá ser estabelecida remuneração variável vinculada ao desempenho do contratado, com base em metas, padrões de qualidade, critérios de sustentabilidade ambiental e prazos de entrega definidos no instrumento convocatório e no contrato.

Parágrafo único. A utilização da remuneração variável respeitará o limite orçamentário fixado pela empresa pública ou pela sociedade de economia mista para a respectiva contratação.

Art. 46. Mediante justificativa expressa e desde que não implique perda de economia de escala, poderá ser celebrado mais de um contrato para executar serviço de mesma natureza quando o objeto da contratação puder ser executado de forma concorrente e simultânea por mais de um contratado.

§ 1º Na hipótese prevista no caput deste artigo, será mantido controle individualizado da execução do objeto contratual relativamente a cada um dos contratados.

§ 2º (VETADO).

Seção IV - Das Normas Específicas para Aquisição de Bens

Art. 47. A empresa pública e a sociedade de economia mista, na licitação para aquisição de bens, poderão:

I - indicar marca ou modelo, nas seguintes hipóteses:

a) em decorrência da necessidade de padronização do objeto;

b) quando determinada marca ou modelo comercializado por mais de um fornecedor constituir o único capaz de atender o objeto do contrato;

c) quando for necessária, para compreensão do objeto, a identificação de determinada marca ou modelo apto a servir como referência, situação em que será obrigatório o acréscimo da

LEI Nº 13.303/2016 — Art. 47 a 49

expressão "ou similar ou de melhor qualidade";

II - exigir amostra do bem no procedimento de pré-qualificação e na fase de julgamento das propostas ou de lances, desde que justificada a necessidade de sua apresentação;

III - solicitar a certificação da qualidade do produto ou do processo de fabricação, inclusive sob o aspecto ambiental, por instituição previamente credenciada.

Parágrafo único. O edital poderá exigir, como condição de aceitabilidade da proposta, a adequação às normas da Associação Brasileira de Normas Técnicas (ABNT) ou a certificação da qualidade do produto por instituição credenciada pelo Sistema Nacional de Metrologia, Normalização e Qualidade Industrial (Sinmetro).

Art. 48. Será dada publicidade, com periodicidade mínima semestral, em sítio eletrônico oficial na internet de acesso irrestrito, à relação das aquisições de bens efetivadas pelas empresas públicas e pelas sociedades de economia mista, compreendidas as seguintes informações:

I - identificação do bem comprado, de seu preço unitário e da quantidade adquirida;

II - nome do fornecedor;

III - valor total de cada aquisição.

Seção V - Das Normas Específicas para Alienação de Bens

Art. 49. A alienação de bens por empresas públicas e por sociedades de economia mista será precedida de:

I - avaliação formal do bem contemplado, ressalvadas as hipóteses previstas nos incisos XVI a XVIII do art. 29;

II - licitação, ressalvado o previsto no § 3º do art. 28.

Art. 50. Estendem-se à atribuição de ônus real a bens integrantes do acervo patrimonial de empresas públicas e de sociedades de economia mista as normas desta Lei aplicáveis à sua alienação, inclusive em relação às hipóteses de dispensa e de inexigibilidade de licitação.

Seção VI - Do Procedimento de Licitação

Art. 51. As licitações de que trata esta Lei observarão a seguinte sequência de fases:

I - preparação;

II - divulgação;

III - apresentação de lances ou propostas, conforme o modo de disputa adotado;

IV - julgamento;

V - verificação de efetividade dos lances ou propostas;

VI - negociação;

VII - habilitação;

VIII - interposição de recursos;

IX - adjudicação do objeto;

X - homologação do resultado ou revogação do procedimento.

§ 1º A fase de que trata o inciso VII do caput poderá, excepcionalmente, anteceder as referidas nos incisos III a VI do caput, desde que expressamente previsto no instrumento convocatório.

§ 2º Os atos e procedimentos decorrentes das fases enumeradas no caput praticados por empresas públicas, por sociedades de economia mista e por licitantes serão efetivados preferencialmente por meio eletrônico, nos termos definidos pelo instrumento convocatório, devendo os avisos contendo os resumos dos editais

LEI Nº 13.303/2016   Art. 51 a 54

das licitações e contratos abrangidos por esta Lei ser previamente publicados no Diário Oficial da União, do Estado ou do Município e na internet.

Art. 52. Poderão ser adotados os modos de disputa aberto ou fechado, ou, quando o objeto da licitação puder ser parcelado, a combinação de ambos, observado o disposto no inciso III do art. 32 desta Lei.

§ 1º No modo de disputa aberto, os licitantes apresentarão lances públicos e sucessivos, crescentes ou decrescentes, conforme o critério de julgamento adotado.

§ 2º No modo de disputa fechado, as propostas apresentadas pelos licitantes serão sigilosas até a data e a hora designadas para que sejam divulgadas.

Art. 53. Quando for adotado o modo de disputa aberto, poderão ser admitidos:

I - a apresentação de lances intermediários;

II - o reinício da disputa aberta, após a definição do melhor lance, para definição das demais colocações, quando existir diferença de pelo menos 10% (dez por cento) entre o melhor lance e o subsequente.

Parágrafo único. Consideram-se intermediários os lances:

I - iguais ou inferiores ao maior já ofertado, quando adotado o julgamento pelo critério da maior oferta;

II - iguais ou superiores ao menor já ofertado, quando adotados os demais critérios de julgamento.

Art. 54. Poderão ser utilizados os seguintes critérios de julgamento:

I - menor preço;

II - maior desconto;

Art. 54 — MURILO JACOBY FERNANDES

III - melhor combinação de técnica e preço;

IV - melhor técnica;

V - melhor conteúdo artístico;

VI - maior oferta de preço;

VII - maior retorno econômico;

VIII - melhor destinação de bens alienados.

§ 1º Os critérios de julgamento serão expressamente identificados no instrumento convocatório e poderão ser combinados na hipótese de parcelamento do objeto, observado o disposto no inciso III do art. 32.

§ 2º Na hipótese de adoção dos critérios referidos nos incisos III, IV, V e VII do caput deste artigo, o julgamento das propostas será efetivado mediante o emprego de parâmetros específicos, definidos no instrumento convocatório, destinados a limitar a subjetividade do julgamento.

§ 3º Para efeito de julgamento, não serão consideradas vantagens não previstas no instrumento convocatório.

§ 4º O critério previsto no inciso II do caput:

I - terá como referência o preço global fixado no instrumento convocatório, estendendo-se o desconto oferecido nas propostas ou lances vencedores a eventuais termos aditivos;

II - no caso de obras e serviços de engenharia, o desconto incidirá de forma linear sobre a totalidade dos itens constantes do orçamento estimado, que deverá obrigatoriamente integrar o instrumento convocatório.

§ 5º Quando for utilizado o critério referido no inciso III do caput, a avaliação das propostas técnicas e de preço considerará o percentual de ponderação mais relevante, limitado a 70% (setenta por cento).

LEI Nº 13.303/2016   Art. 54 a 56

§ 6º Quando for utilizado o critério referido no inciso VII do caput, os lances ou propostas terão o objetivo de proporcionar economia à empresa pública ou à sociedade de economia mista, por meio da redução de suas despesas correntes, remunerando-se o licitante vencedor com base em percentual da economia de recursos gerada.

§ 7º Na implementação do critério previsto no inciso VIII do caput deste artigo, será obrigatoriamente considerada, nos termos do respectivo instrumento convocatório, a repercussão, no meio social, da finalidade para cujo atendimento o bem será utilizado pelo adquirente.

§ 8º O descumprimento da finalidade a que se refere o § 7º deste artigo resultará na imediata restituição do bem alcançado ao acervo patrimonial da empresa pública ou da sociedade de economia mista, vedado, nessa hipótese, o pagamento de indenização em favor do adquirente.

Art. 55. Em caso de empate entre 2 (duas) propostas, serão utilizados, na ordem em que se encontram enumerados, os seguintes critérios de desempate:

I - disputa final, em que os licitantes empatados poderão apresentar nova proposta fechada, em ato contínuo ao encerramento da etapa de julgamento;

II - avaliação do desempenho contratual prévio dos licitantes, desde que exista sistema objetivo de avaliação instituído;

III - os critérios estabelecidos no art. 3º da Lei nº 8.248, de 23 de outubro de 1991, e no § 2º do art. 3º da Lei nº 8.666, de 21 de junho de 1993;

IV - sorteio.

Art. 56. Efetuado o julgamento dos lances ou propostas, será promovida a verificação de sua efetividade, promovendo-se a desclassificação daqueles que:

I - contenham vícios insanáveis;

II - descumpram especificações técnicas constantes do instrumento convocatório;

III - apresentem preços manifestamente inexequíveis;

IV - se encontrem acima do orçamento estimado para a contratação de que trata o § 1º do art. 57, ressalvada a hipótese prevista no caput do art. 34 desta Lei;

V - não tenham sua exequibilidade demonstrada, quando exigido pela empresa pública ou pela sociedade de economia mista;

VI - apresentem desconformidade com outras exigências do instrumento convocatório, salvo se for possível a acomodação a seus termos antes da adjudicação do objeto e sem que se prejudique a atribuição de tratamento isonômico entre os licitantes.

§ 1º A verificação da efetividade dos lances ou propostas poderá ser feita exclusivamente em relação aos lances e propostas mais bem classificados.

§ 2º A empresa pública e a sociedade de economia mista poderão realizar diligências para aferir a exequibilidade das propostas ou exigir dos licitantes que ela seja demonstrada, na forma do inciso V do caput.

§ 3º Nas licitações de obras e serviços de engenharia, consideram-se inexequíveis as propostas com valores globais inferiores a 70% (setenta por cento) do menor dos seguintes valores:

I - média aritmética dos valores das propostas superiores a 50% (cinquenta por cento) do valor do orçamento estimado pela empresa pública ou sociedade de economia mista; ou

LEI Nº 13.303/2016 — Arts. 56 a 58

II - valor do orçamento estimado pela empresa pública ou sociedade de economia mista.

§ 4º Para os demais objetos, para efeito de avaliação da exequibilidade ou de sobrepreço, deverão ser estabelecidos critérios de aceitabilidade de preços que considerem o preço global, os quantitativos e os preços unitários, assim definidos no instrumento convocatório.

Art. 57. Confirmada a efetividade do lance ou proposta que obteve a primeira colocação na etapa de julgamento, ou que passe a ocupar essa posição em decorrência da desclassificação de outra que tenha obtido colocação superior, a empresa pública e a sociedade de economia mista deverão negociar condições mais vantajosas com quem o apresentou.

§ 1º A negociação deverá ser feita com os demais licitantes, segundo a ordem inicialmente estabelecida, quando o preço do primeiro colocado, mesmo após a negociação, permanecer acima do orçamento estimado.

§ 2º (VETADO).

§ 3º Se depois de adotada a providência referida no § 1º deste artigo não for obtido valor igual ou inferior ao orçamento estimado para a contratação, será revogada a licitação.

Art. 58. A habilitação será apreciada exclusivamente a partir dos seguintes parâmetros:

I - exigência da apresentação de documentos aptos a comprovar a possibilidade da aquisição de direitos e da contração de obrigações por parte do licitante;

II - qualificação técnica, restrita a parcelas do objeto técnica ou economicamente relevantes, de acordo com parâmetros estabelecidos de forma expressa no instrumento convocatório;

III - capacidade econômica e financeira;

IV - recolhimento de quantia a título de adiantamento, tratando-se de licitações em que se utilize como critério de julgamento a maior oferta de preço.

§ 1º Quando o critério de julgamento utilizado for a maior oferta de preço, os requisitos de qualificação técnica e de capacidade econômica e financeira poderão ser dispensados.

§ 2º Na hipótese do § 1º, reverterá a favor da empresa pública ou da sociedade de economia mista o valor de quantia eventualmente exigida no instrumento convocatório a título de adiantamento, caso o licitante não efetue o restante do pagamento devido no prazo para tanto estipulado.

Art. 59. Salvo no caso de inversão de fases, o procedimento licitatório terá fase recursal única.

§ 1º Os recursos serão apresentados no prazo de 5 (cinco) dias úteis após a habilitação e contemplarão, além dos atos praticados nessa fase, aqueles praticados em decorrência do disposto nos incisos IV e V do caput do art. 51 desta Lei.

§ 2º Na hipótese de inversão de fases, o prazo referido no § 1º será aberto após a habilitação e após o encerramento da fase prevista no inciso V do caput do art. 51, abrangendo o segundo prazo também atos decorrentes da fase referida no inciso IV do caput do art. 51 desta Lei.

Art. 60. A homologação do resultado implica a constituição de direito relativo à celebração do contrato em favor do licitante vencedor.

Art. 61. A empresa pública e a sociedade de economia mista não poderão celebrar contrato com preterição da ordem de classificação das propostas ou com terceiros estranhos à licitação.

LEI Nº 13.303/2016   Art. 62 a 63

Art. 62. Além das hipóteses previstas no § 3º do art. 57 desta Lei e no inciso II do § 2º do art. 75 desta Lei, quem dispuser de competência para homologação do resultado poderá revogar a licitação por razões de interesse público decorrentes de fato superveniente que constitua óbice manifesto e incontornável, ou anulá-la por ilegalidade, de ofício ou por provocação de terceiros, salvo quando for viável a convalidação do ato ou do procedimento viciado.

§ 1º A anulação da licitação por motivo de ilegalidade não gera obrigação de indenizar, observado o disposto no § 2º deste artigo.

§ 2º A nulidade da licitação induz à do contrato.

§ 3º Depois de iniciada a fase de apresentação de lances ou propostas, referida no inciso III do caput do art. 51 desta Lei, a revogação ou a anulação da licitação somente será efetivada depois de se conceder aos licitantes que manifestem interesse em contestar o respectivo ato prazo apto a lhes assegurar o exercício do direito ao contraditório e à ampla defesa.

§ 4º O disposto no caput e nos §§ 1º e 2º deste artigo aplica-se, no que couber, aos atos por meio dos quais se determine a contratação direta.

Seção VII - Dos Procedimentos Auxiliares das Licitações

Art. 63. São procedimentos auxiliares das licitações regidas por esta Lei:

I - pré-qualificação permanente;

II - cadastramento;

III - sistema de registro de preços;

IV - catálogo eletrônico de padronização.

Parágrafo único. Os procedimentos de que trata o caput deste artigo obedecerão a critérios claros e objetivos definidos em regulamento.

Art. 64. Considera-se pré-qualificação permanente o procedimento anterior à licitação destinado a identificar:

I - fornecedores que reúnam condições de habilitação exigidas para o fornecimento de bem ou a execução de serviço ou obra nos prazos, locais e condições previamente estabelecidos;

II - bens que atendam às exigências técnicas e de qualidade da administração pública.

§ 1º O procedimento de pré-qualificação será público e permanentemente aberto à inscrição de qualquer interessado.

§ 2º A empresa pública e a sociedade de economia mista poderão restringir a participação em suas licitações a fornecedores ou produtos pré-qualificados, nas condições estabelecidas em regulamento.

§ 3º A pré-qualificação poderá ser efetuada nos grupos ou segmentos, segundo as especialidades dos fornecedores.

§ 4º A pré-qualificação poderá ser parcial ou total, contendo alguns ou todos os requisitos de habilitação ou técnicos necessários à contratação, assegurada, em qualquer hipótese, a igualdade de condições entre os concorrentes.

§ 5º A pré-qualificação terá validade de 1 (um) ano, no máximo, podendo ser atualizada a qualquer tempo.

§ 6º Na pré-qualificação aberta de produtos, poderá ser exigida a comprovação de qualidade.

§ 7º É obrigatória a divulgação dos produtos e dos interessados que forem pré-qualificados.

Art. 65. Os registros cadastrais poderão ser mantidos para efeito de habilitação dos inscritos em procedimentos licitatórios e

LEI Nº 13.303/2016   Art. 65 a 66

serão válidos por 1 (um) ano, no máximo, podendo ser atualizados a qualquer tempo.

§ 1º Os registros cadastrais serão amplamente divulgados e ficarão permanentemente abertos para a inscrição de interessados.

§ 2º Os inscritos serão admitidos segundo requisitos previstos em regulamento.

§ 3º A atuação do licitante no cumprimento de obrigações assumidas será anotada no respectivo registro cadastral.

§ 4º A qualquer tempo poderá ser alterado, suspenso ou cancelado o registro do inscrito que deixar de satisfazer as exigências estabelecidas para habilitação ou para admissão cadastral.

Art. 66. O Sistema de Registro de Preços especificamente destinado às licitações de que trata esta Lei reger-se-á pelo disposto em decreto do Poder Executivo e pelas seguintes disposições:

§ 1º Poderá aderir ao sistema referido no caput qualquer órgão ou entidade responsável pela execução das atividades contempladas no art. 1º desta Lei.

§ 2º O registro de preços observará, entre outras, as seguintes condições:

I - efetivação prévia de ampla pesquisa de mercado;

II - seleção de acordo com os procedimentos previstos em regulamento;

III - desenvolvimento obrigatório de rotina de controle e atualização periódicos dos preços registrados;

IV - definição da validade do registro;

V - inclusão, na respectiva ata, do registro dos licitantes que aceitarem cotar os bens ou serviços com preços iguais ao do licitante vencedor na sequência da classificação do certame, assim como dos licitantes que mantiverem suas propostas originais.

§ 3º A existência de preços registrados não obriga a administração pública a firmar os contratos que deles poderão advir, sendo facultada a realização de licitação específica, assegurada ao licitante registrado preferência em igualdade de condições.

Art. 67. O catálogo eletrônico de padronização de compras, serviços e obras consiste em sistema informatizado, de gerenciamento centralizado, destinado a permitir a padronização dos itens a serem adquiridos pela empresa pública ou sociedade de economia mista que estarão disponíveis para a realização de licitação.

Parágrafo único. O catálogo referido no caput poderá ser utilizado em licitações cujo critério de julgamento seja o menor preço ou o maior desconto e conterá toda a documentação e todos os procedimentos da fase interna da licitação, assim como as especificações dos respectivos objetos, conforme disposto em regulamento.

CAPÍTULO II - DOS CONTRATOS

Seção I - Da Formalização dos Contratos

Art. 68. Os contratos de que trata esta Lei regulam-se pelas suas cláusulas, pelo disposto nesta Lei e pelos preceitos de direito privado.

Art. 69. São cláusulas necessárias nos contratos disciplinados por esta Lei:

I - o objeto e seus elementos característicos;

II - o regime de execução ou a forma de fornecimento;

III - o preço e as condições de pagamento, os critérios, a data-base e a periodicidade do reajustamento de preços e os critérios de atualização monetária entre a data do adimplemento das obrigações

LEI Nº 13.303/2016   Art. 69

e a do efetivo pagamento;

IV - os prazos de início de cada etapa de execução, de conclusão, de entrega, de observação, quando for o caso, e de recebimento;

V - as garantias oferecidas para assegurar a plena execução do objeto contratual, quando exigidas, observado o disposto no art. 68;

VI - os direitos e as responsabilidades das partes, as tipificações das infrações e as respectivas penalidades e valores das multas;

VII - os casos de rescisão do contrato e os mecanismos para alteração de seus termos;

VIII - a vinculação ao instrumento convocatório da respectiva licitação ou ao termo que a dispensou ou a inexigiu, bem como ao lance ou proposta do licitante vencedor;

IX - a obrigação do contratado de manter, durante a execução do contrato, em compatibilidade com as obrigações por ele assumidas, as condições de habilitação e qualificação exigidas no curso do procedimento licitatório;

X - matriz de riscos.

§ 1º (VETADO).

§ 2º Nos contratos decorrentes de licitações de obras ou serviços de engenharia em que tenha sido adotado o modo de disputa aberto, o contratado deverá reelaborar e apresentar à empresa pública ou à sociedade de economia mista e às suas respectivas subsidiárias, por meio eletrônico, as planilhas com indicação dos quantitativos e dos custos unitários, bem como do detalhamento das Bonificações e Despesas Indiretas (BDI) e dos Encargos Sociais (ES), com os respectivos valores adequados ao lance vencedor, para fins do disposto no inciso III do caput deste artigo.

Art. 70. Poderá ser exigida prestação de garantia nas contratações de obras, serviços e compras.

§ 1º Caberá ao contratado optar por uma das seguintes modalidades de garantia:

I - caução em dinheiro;

II - seguro-garantia;

III - fiança bancária.

§ 2º A garantia a que se refere o caput não excederá a 5% (cinco por cento) do valor do contrato e terá seu valor atualizado nas mesmas condições nele estabelecidas, ressalvado o previsto no § 3º deste artigo.

§ 3º Para obras, serviços e fornecimentos de grande vulto envolvendo complexidade técnica e riscos financeiros elevados, o limite de garantia previsto no § 2º poderá ser elevado para até 10% (dez por cento) do valor do contrato.

§ 4º A garantia prestada pelo contratado será liberada ou restituída após a execução do contrato, devendo ser atualizada monetariamente na hipótese do inciso I do § 1º deste artigo.

Art. 71. A duração dos contratos regidos por esta Lei não excederá a 5 (cinco) anos, contados a partir de sua celebração, exceto:

I - para projetos contemplados no plano de negócios e investimentos da empresa pública ou da sociedade de economia mista;

II - nos casos em que a pactuação por prazo superior a 5 (cinco) anos seja prática rotineira de mercado e a imposição desse prazo inviabilize ou onere excessivamente a realização do negócio.

Parágrafo único. É vedado o contrato por prazo indeterminado.

LEI Nº 13.303/2016   Arts. 72 a 75

Art. 72. Os contratos regidos por esta Lei somente poderão ser alterados por acordo entre as partes, vedando-se ajuste que resulte em violação da obrigação de licitar.

Art. 73. A redução a termo do contrato poderá ser dispensada no caso de pequenas despesas de pronta entrega e pagamento das quais não resultem obrigações futuras por parte da empresa pública ou da sociedade de economia mista.

Parágrafo único. O disposto no caput não prejudicará o registro contábil exaustivo dos valores despendidos e a exigência de recibo por parte dos respectivos destinatários.

Art. 74. É permitido a qualquer interessado o conhecimento dos termos do contrato e a obtenção de cópia autenticada de seu inteiro teor ou de qualquer de suas partes, admitida a exigência de ressarcimento dos custos, nos termos previstos na Lei nº 12.527, de 18 de novembro de 2011.

Art. 75. A empresa pública e a sociedade de economia mista convocarão o licitante vencedor ou o destinatário de contratação com dispensa ou inexigibilidade de licitação para assinar o termo de contrato, observados o prazo e as condições estabelecidos, sob pena de decadência do direito à contratação.

§ 1º O prazo de convocação poderá ser prorrogado 1 (uma) vez, por igual período.

§ 2º É facultado à empresa pública ou à sociedade de economia mista, quando o convocado não assinar o termo de contrato no prazo e nas condições estabelecidos:

I - convocar os licitantes remanescentes, na ordem de classificação, para fazê-lo em igual prazo e nas mesmas condições propostas pelo primeiro classificado, inclusive quanto aos preços atualizados em conformidade com o instrumento convocatório;

II - revogar a licitação.

Art. 76. O contratado é obrigado a reparar, corrigir, remover, reconstruir ou substituir, às suas expensas, no total ou em parte, o objeto do contrato em que se verificarem vícios, defeitos ou incorreções resultantes da execução ou de materiais empregados, e responderá por danos causados diretamente a terceiros ou à empresa pública ou sociedade de economia mista, independentemente da comprovação de sua culpa ou dolo na execução do contrato.

Art. 77. O contratado é responsável pelos encargos trabalhistas, fiscais e comerciais resultantes da execução do contrato.

§ 1º A inadimplência do contratado quanto aos encargos trabalhistas, fiscais e comerciais não transfere à empresa pública ou à sociedade de economia mista a responsabilidade por seu pagamento, nem poderá onerar o objeto do contrato ou restringir a regularização e o uso das obras e edificações, inclusive perante o Registro de Imóveis.

§ 2º (VETADO).

Art. 78. O contratado, na execução do contrato, sem prejuízo das responsabilidades contratuais e legais, poderá subcontratar partes da obra, serviço ou fornecimento, até o limite admitido, em cada caso, pela empresa pública ou pela sociedade de economia mista, conforme previsto no edital do certame.

§ 1º A empresa subcontratada deverá atender, em relação ao objeto da subcontratação, as exigências de qualificação técnica impostas ao licitante vencedor.

§ 2º É vedada a subcontratação de empresa ou consórcio que tenha participado:

I - do procedimento licitatório do qual se originou a

LEI Nº 13.303/2016 — Arts. 78 a 81

contratação;

II - direta ou indiretamente, da elaboração de projeto básico ou executivo.

§ 3º As empresas de prestação de serviços técnicos especializados deverão garantir que os integrantes de seu corpo técnico executem pessoal e diretamente as obrigações a eles imputadas, quando a respectiva relação for apresentada em procedimento licitatório ou em contratação direta.

Art. 79. Na hipótese do § 6º do art. 54, quando não for gerada a economia prevista no lance ou proposta, a diferença entre a economia contratada e a efetivamente obtida será descontada da remuneração do contratado.

Parágrafo único. Se a diferença entre a economia contratada e a efetivamente obtida for superior à remuneração do contratado, será aplicada a sanção prevista no contrato, nos termos do inciso VI do caput do art. 69 desta Lei.

Art. 80. Os direitos patrimoniais e autorais de projetos ou serviços técnicos especializados desenvolvidos por profissionais autônomos ou por empresas contratadas passam a ser propriedade da empresa pública ou sociedade de economia mista que os tenha contratado, sem prejuízo da preservação da identificação dos respectivos autores e da responsabilidade técnica a eles atribuída.

Seção II - Da Alteração dos Contratos

Art. 81. Os contratos celebrados nos regimes previstos nos incisos I a V do art. 43 contarão com cláusula que estabeleça a possibilidade de alteração, por acordo entre as partes, nos seguintes casos:

I - quando houver modificação do projeto ou das especificações, para melhor adequação técnica aos seus objetivos;

II - quando necessária a modificação do valor contratual em decorrência de acréscimo ou diminuição quantitativa de seu objeto, nos limites permitidos por esta Lei;

III - quando conveniente a substituição da garantia de execução;

IV - quando necessária a modificação do regime de execução da obra ou serviço, bem como do modo de fornecimento, em face de verificação técnica da inaplicabilidade dos termos contratuais originários;

V - quando necessária a modificação da forma de pagamento, por imposição de circunstâncias supervenientes, mantido o valor inicial atualizado, vedada a antecipação do pagamento, com relação ao cronograma financeiro fixado, sem a correspondente contraprestação de fornecimento de bens ou execução de obra ou serviço;

VI - para restabelecer a relação que as partes pactuaram inicialmente entre os encargos do contratado e a retribuição da administração para a justa remuneração da obra, serviço ou fornecimento, objetivando a manutenção do equilíbrio econômico-financeiro inicial do contrato, na hipótese de sobrevirem fatos imprevisíveis, ou previsíveis porém de consequências incalculáveis, retardadores ou impeditivos da execução do ajustado, ou, ainda, em caso de força maior, caso fortuito ou fato do príncipe, configurando álea econômica extraordinária e extracontratual.

§ 1º O contratado poderá aceitar, nas mesmas condições contratuais, os acréscimos ou supressões que se fizerem nas obras, serviços ou compras, até 25% (vinte e cinco por cento) do valor inicial atualizado do contrato, e, no caso particular de reforma de

Lei nº 13.303/2016 — Art. 81

edifício ou de equipamento, até o limite de 50% (cinquenta por cento) para os seus acréscimos.

§ 2º Nenhum acréscimo ou supressão poderá exceder os limites estabelecidos no § 1º, salvo as supressões resultantes de acordo celebrado entre os contratantes.

§ 3º Se no contrato não houverem sido contemplados preços unitários para obras ou serviços, esses serão fixados mediante acordo entre as partes, respeitados os limites estabelecidos no § 1º.

§ 4º No caso de supressão de obras, bens ou serviços, se o contratado já houver adquirido os materiais e posto no local dos trabalhos, esses materiais deverão ser pagos pela empresa pública ou sociedade de economia mista pelos custos de aquisição regularmente comprovados e monetariamente corrigidos, podendo caber indenização por outros danos eventualmente decorrentes da supressão, desde que regularmente comprovados.

§ 5º A criação, a alteração ou a extinção de quaisquer tributos ou encargos legais, bem como a superveniência de disposições legais, quando ocorridas após a data da apresentação da proposta, com comprovada repercussão nos preços contratados, implicarão a revisão destes para mais ou para menos, conforme o caso.

§ 6º Em havendo alteração do contrato que aumente os encargos do contratado, a empresa pública ou a sociedade de economia mista deverá restabelecer, por aditamento, o equilíbrio econômico-financeiro inicial.

§ 7º A variação do valor contratual para fazer face ao reajuste de preços previsto no próprio contrato e as atualizações, compensações ou penalizações financeiras decorrentes das condições de pagamento nele previstas, bem como o empenho de dotações orçamentárias suplementares até o limite do seu valor corrigido,

Arts. 81 a 83

não caracterizam alteração do contrato e podem ser registrados por simples apostila, dispensada a celebração de aditamento.

§ 8º É vedada a celebração de aditivos decorrentes de eventos supervenientes alocados, na matriz de riscos, como de responsabilidade da contratada.

Seção III - Das Sanções Administrativas

Art. 82. Os contratos devem conter cláusulas com sanções administrativas a serem aplicadas em decorrência de atraso injustificado na execução do contrato, sujeitando o contratado a multa de mora, na forma prevista no instrumento convocatório ou no contrato.

§ 1º A multa a que alude este artigo não impede que a empresa pública ou a sociedade de economia mista rescinda o contrato e aplique as outras sanções previstas nesta Lei.

§ 2º A multa, aplicada após regular processo administrativo, será descontada da garantia do respectivo contratado.

§ 3º Se a multa for de valor superior ao valor da garantia prestada, além da perda desta, responderá o contratado pela sua diferença, a qual será descontada dos pagamentos eventualmente devidos pela empresa pública ou pela sociedade de economia mista ou, ainda, quando for o caso, cobrada judicialmente.

Art. 83. Pela inexecução total ou parcial do contrato a empresa pública ou a sociedade de economia mista poderá, garantida a prévia defesa, aplicar ao contratado as seguintes sanções:

I - advertência;

II - multa, na forma prevista no instrumento convocatório ou no contrato;

III - suspensão temporária de participação em licitação e

LEI Nº 13.303/2016 — Arts. 83 a 85

impedimento de contratar com a entidade sancionadora, por prazo não superior a 2 (dois) anos.

§ 1º Se a multa aplicada for superior ao valor da garantia prestada, além da perda desta, responderá o contratado pela sua diferença, que será descontada dos pagamentos eventualmente devidos pela empresa pública ou pela sociedade de economia mista ou cobrada judicialmente.

§ 2º As sanções previstas nos incisos I e III do caput poderão ser aplicadas juntamente com a do inciso II, devendo a defesa prévia do interessado, no respectivo processo, ser apresentada no prazo de 10 (dez) dias úteis.

Art. 84. As sanções previstas no inciso III do art. 83 poderão também ser aplicadas às empresas ou aos profissionais que, em razão dos contratos regidos por esta Lei:

I - tenham sofrido condenação definitiva por praticarem, por meios dolosos, fraude fiscal no recolhimento de quaisquer tributos;

II - tenham praticado atos ilícitos visando a frustrar os objetivos da licitação;

III - demonstrem não possuir idoneidade para contratar com a empresa pública ou a sociedade de economia mista em virtude de atos ilícitos praticados.

CAPÍTULO III – DA FISCALIZAÇÃO PELO ESTADO E PELA SOCIEDADE

Art. 85. Os órgãos de controle externo e interno das 3 (três) esferas de governo fiscalizarão as empresas públicas e as sociedades de economia mista a elas relacionadas, inclusive aquelas domiciliadas no exterior, quanto à legitimidade, à economicidade e à eficácia da aplicação de seus recursos, sob o ponto de vista contábil, financeiro, operacional e patrimonial.

Arts. 85 e 86 MURILO JACOBY FERNANDES

§ 1º Para a realização da atividade fiscalizatória de que trata o caput, os órgãos de controle deverão ter acesso irrestrito aos documentos e às informações necessários à realização dos trabalhos, inclusive aqueles classificados como sigilosos pela empresa pública ou pela sociedade de economia mista, nos termos da Lei nº 12.527, de 18 de novembro de 2011.

§ 2º O grau de confidencialidade será atribuído pelas empresas públicas e sociedades de economia mista no ato de entrega dos documentos e informações solicitados, tornando-se o órgão de controle com o qual foi compartilhada a informação sigilosa corresponsável pela manutenção do seu sigilo.

§ 3º Os atos de fiscalização e controle dispostos neste Capítulo aplicar-se-ão, também, às empresas públicas e às sociedades de economia mista de caráter e constituição transnacional no que se refere aos atos de gestão e aplicação do capital nacional, independentemente de estarem incluídos ou não em seus respectivos atos e acordos constitutivos.

Art. 86. As informações das empresas públicas e das sociedades de economia mista relativas a licitações e contratos, inclusive aqueles referentes a bases de preços, constarão de bancos de dados eletrônicos atualizados e com acesso em tempo real aos órgãos de controle competentes.

§ 1º As demonstrações contábeis auditadas da empresa pública e da sociedade de economia mista serão disponibilizadas no sítio eletrônico da empresa ou da sociedade na internet, inclusive em formato eletrônico editável.

§ 2º As atas e demais expedientes oriundos de reuniões, ordinárias ou extraordinárias, dos conselhos de administração ou fiscal das empresas públicas e das sociedades de economia mista,

LEI Nº 13.303/2016   Art. 86 e 87

inclusive gravações e filmagens, quando houver, deverão ser disponibilizados para os órgãos de controle sempre que solicitados, no âmbito dos trabalhos de auditoria.

§ 3º O acesso dos órgãos de controle às informações referidas no caput e no § 2º será restrito e individualizado.

§ 4º As informações que sejam revestidas de sigilo bancário, estratégico, comercial ou industrial serão assim identificadas, respondendo o servidor administrativa, civil e penalmente pelos danos causados à empresa pública ou à sociedade de economia mista e a seus acionistas em razão de eventual divulgação indevida.

§ 5º Os critérios para a definição do que deve ser considerado sigilo estratégico, comercial ou industrial serão estabelecidos em regulamento.

Art. 87. O controle das despesas decorrentes dos contratos e demais instrumentos regidos por esta Lei será feito pelos órgãos do sistema de controle interno e pelo tribunal de contas competente, na forma da legislação pertinente, ficando as empresas públicas e as sociedades de economia mista responsáveis pela demonstração da legalidade e da regularidade da despesa e da execução, nos termos da Constituição.

§ 1º Qualquer cidadão é parte legítima para impugnar edital de licitação por irregularidade na aplicação desta Lei, devendo protocolar o pedido até 5 (cinco) dias úteis antes da data fixada para a ocorrência do certame, devendo a entidade julgar e responder à impugnação em até 3 (três) dias úteis, sem prejuízo da faculdade prevista no § 2º.

§ 2º Qualquer licitante, contratado ou pessoa física ou jurídica poderá representar ao tribunal de contas ou aos órgãos integrantes do sistema de controle interno contra irregularidades na aplicação desta Lei, para os fins do disposto neste artigo.

§ 3º Os tribunais de contas e os órgãos integrantes do sistema de controle interno poderão solicitar para exame, a qualquer tempo, documentos de natureza contábil, financeira, orçamentária, patrimonial e operacional das empresas públicas, das sociedades de economia mista e de suas subsidiárias no Brasil e no exterior, obrigando-se, os jurisdicionados, à adoção das medidas corretivas pertinentes que, em função desse exame, lhes forem determinadas.

Art. 88. As empresas públicas e as sociedades de economia mista deverão disponibilizar para conhecimento público, por meio eletrônico, informação completa mensalmente atualizada sobre a execução de seus contratos e de seu orçamento, admitindo-se retardo de até 2 (dois) meses na divulgação das informações.

§ 1º A disponibilização de informações contratuais referentes a operações de perfil estratégico ou que tenham por objeto segredo industrial receberá proteção mínima necessária para lhes garantir confidencialidade.

§ 2º O disposto no § 1º não será oponível à fiscalização dos órgãos de controle interno e do tribunal de contas, sem prejuízo da responsabilização administrativa, civil e penal do servidor que der causa à eventual divulgação dessas informações.

Art. 89. O exercício da supervisão por vinculação da empresa pública ou da sociedade de economia mista, pelo órgão a que se vincula, não pode ensejar a redução ou a supressão da autonomia conferida pela lei específica que autorizou a criação da entidade supervisionada ou da autonomia inerente a sua natureza, nem autoriza a ingerência do supervisor em sua administração e funcionamento, devendo a supervisão ser exercida nos limites da legislação aplicável.

Art. 90. As ações e deliberações do órgão ou ente de controle não podem implicar interferência na gestão das empresas públicas e das sociedades de economia mista a ele submetidas nem ingerência no exercício de suas competências ou na definição de políticas públicas.

TÍTULO III - DISPOSIÇÕES FINAIS E TRANSITÓRIAS

Art. 91. A empresa pública e a sociedade de economia mista constituídas anteriormente à vigência desta Lei deverão, no prazo de 24 (vinte e quatro) meses, promover as adaptações necessárias à adequação ao disposto nesta Lei.

§ 1º A sociedade de economia mista que tiver capital fechado na data de entrada em vigor desta Lei poderá, observado o prazo estabelecido no caput, ser transformada em empresa pública, mediante resgate, pela empresa, da totalidade das ações de titularidade de acionistas privados, com base no valor de patrimônio líquido constante do último balanço aprovado pela assembleia-geral.

§ 2º (VETADO).

§ 3º Permanecem regidos pela legislação anterior procedimentos licitatórios e contratos iniciados ou celebrados até o final do prazo previsto no caput.

Art. 92. O Registro Público de Empresas Mercantis e Atividades Afins manterá banco de dados público e gratuito, disponível na internet, contendo a relação de todas as empresas públicas e as sociedades de economia mista.

Parágrafo único. É a União proibida de realizar transferência voluntária de recursos a Estados, ao Distrito Federal e a Municípios que não fornecerem ao Registro Público de Empresas Mercantis e

Atividades Afins as informações relativas às empresas públicas e às sociedades de economia mista a eles vinculadas.

Art. 93. As despesas com publicidade e patrocínio da empresa pública e da sociedade de economia mista não ultrapassarão, em cada exercício, o limite de 0,5% (cinco décimos por cento) da receita operacional bruta do exercício anterior.

§ 1º O limite disposto no caput poderá ser ampliado, até o limite de 2% (dois por cento) da receita bruta do exercício anterior, por proposta da diretoria da empresa pública ou da sociedade de economia mista justificada com base em parâmetros de mercado do setor específico de atuação da empresa ou da sociedade e aprovada pelo respectivo Conselho de Administração.

§ 2º É vedado à empresa pública e à sociedade de economia mista realizar, em ano de eleição para cargos do ente federativo a que sejam vinculadas, despesas com publicidade e patrocínio que excedam a média dos gastos nos 3 (três) últimos anos que antecedem o pleito ou no último ano imediatamente anterior à eleição.

Art. 94. Aplicam-se à empresa pública, à sociedade de economia mista e às suas subsidiárias as sanções previstas na Lei nº 12.846, de 1º de agosto de 2013, salvo as previstas nos incisos II, III e IV do caput do art. 19 da referida Lei.

Art. 95. A estratégia de longo prazo prevista no art. 23 deverá ser aprovada em até 180 (cento e oitenta) dias da data de publicação da presente Lei.

Art. 96. Revogam-se:

I - o § 2º do art. 15 da Lei nº 3.890-A, de 25 de abril de 1961, com a redação dada pelo art. 19 da Lei nº 11.943, de 28 de maio de 2009;

LEI Nº 13.303/2016 Art. 96 e 97

II - os arts. 67 e 68 da Lei nº 9.478, de 6 de agosto de 1997.

Art. 97. Esta Lei entra em vigor na data de sua publicação.

Brasília, 30 de junho de 2016; 195º da Independência e 128º da República.

MICHEL TEMER

Decreto nº 8.945, de 27 de dezembro de 2016

Regulamenta, no âmbito da União, a Lei nº 13.303, de 30 de junho de 2016, que dispõe sobre o estatuto jurídico da empresa pública, da sociedade de economia mista e de suas subsidiárias, no âmbito da União, dos Estados, do Distrito Federal e dos Municípios.

O PRESIDENTE DA REPÚBLICA, no uso das atribuições que lhe confere o art. 84, caput, incisos IV e VI, alínea "a", da Constituição, e tendo em vista o disposto na Lei nº 13.303, de 30 de junho de 2016,

DECRETA:

Capítulo I – Disposições Preliminares

Seção I - Do âmbito de aplicação e das definições

Art. 1º Este Decreto regulamenta, no âmbito da União, a Lei nº 13.303, de 30 de junho de 2016, que dispõe sobre o estatuto jurídico da empresa pública, da sociedade de economia mista e de suas subsidiárias.

Parágrafo único. As disposições deste Decreto se aplicam também às empresas estatais sediadas no exterior e às transnacionais, no que couber.

Art. 2º Para os fins deste Decreto, considera-se:

I - empresa estatal - entidade dotada de personalidade jurídica de direito privado, cuja maioria do capital votante pertença direta ou indiretamente à União;

II - empresa pública - empresa estatal cuja maioria do capital votante pertença diretamente à União e cujo capital social seja constituído de recursos provenientes exclusivamente do setor público;

III - sociedade de economia mista - empresa estatal cuja maioria das ações com direito a voto pertença diretamente à União e cujo capital social admite a participação do setor privado;

IV - subsidiária - empresa estatal cuja maioria das ações com direito a voto pertença direta ou indiretamente a empresa pública ou a sociedade de economia mista;

V - conglomerado estatal - conjunto de empresas estatais formado por uma empresa pública ou uma sociedade de economia mista e as suas respectivas subsidiárias;

VI - sociedade privada - entidade dotada de personalidade jurídica de direito privado, com patrimônio próprio e cuja maioria do capital votante não pertença direta ou indiretamente à União, a Estado, ao Distrito Federal ou a Município; e

VII - administradores - membros do Conselho de Administração e da Diretoria da empresa estatal.

Parágrafo único. Incluem-se no inciso IV do caput as subsidiárias integrais e as demais sociedades em que a empresa estatal detenha o controle acionário majoritário, inclusive as sociedades de propósito específico.

Seção II - Da constituição da empresa estatal

Art. 3º A exploração de atividade econômica pela União será exercida por meio de empresas estatais.

Art. 4º A constituição de empresa pública ou de sociedade de economia mista, inclusive por meio de aquisição ou assunção de controle acionário majoritário, dependerá de prévia autorização legal que indique, de forma clara, relevante interesse coletivo ou

DECRETO Nº 8.945/2016

imperativo de segurança nacional, nos termos do caput do art. 173 da Constituição.

Art. 5º O estatuto social da empresa estatal indicará, de forma clara, o relevante interesse coletivo ou o imperativo de segurança nacional, nos termos do caput do art. 173 da Constituição.

Art. 6º A constituição de subsidiária, inclusive sediada no exterior ou por meio de aquisição ou assunção de controle acionário majoritário, dependerá de prévia autorização legal, que poderá estar prevista apenas na lei de criação da empresa pública ou da sociedade de economia mista controladora.

Art. 7º Na hipótese de a autorização legislativa para a constituição de subsidiária ser genérica, o Conselho de Administração da empresa estatal terá de autorizar, de forma individualizada, a constituição de cada subsidiária.

Parágrafo único. A subsidiária deverá ter objeto social vinculado ao da estatal controladora.

Seção III - Das participações minoritárias

Art. 8º A participação de empresa estatal em sociedade privada dependerá de:

I - prévia autorização legal, que poderá constar apenas da lei de criação da empresa pública ou da sociedade de economia mista investidora;

II - vinculação com o objeto social da empresa estatal investidora; e

III - na hipótese de a autorização legislativa ser genérica, autorização do Conselho de Administração para participar de cada empresa.

Murilo Jacoby Fernandes

§ 1º A necessidade de autorização legal para participação em empresa privada não se aplica a operações de tesouraria, adjudicação de ações em garantia e participações autorizadas pelo Conselho de Administração em linha com o plano de negócios da empresa estatal.

§ 2º A empresa estatal que possuir autorização legislativa para criar subsidiária e também para participar de outras empresas poderá constituir subsidiária cujo objeto social seja participar de outras sociedades, inclusive minoritariamente, desde que o estatuto social autorize expressamente a constituição de subsidiária como empresa de participações e que cada investimento esteja vinculado ao plano de negócios.

§ 3º O Conselho de Administração da empresa de participações de que trata o § 2º poderá delegar à Diretoria, observada a alçada a ser definida pelo próprio Conselho, a competência para conceder a autorização prevista no inciso III do caput.

§ 4º Não se aplica o disposto no inciso III do caput nas hipóteses de exercício, por empresa de participações, de direito de preferência e de prioridade para a manutenção de sua participação na sociedade da qual participa.

Art. 9º A empresa estatal que detiver participação equivalente a cinquenta por cento ou menos do capital votante em qualquer outra empresa, inclusive transnacional ou sediada no exterior, deverá elaborar política de participações societárias que contenha práticas de governança e controle proporcionais à relevância, à materialidade e aos riscos do negócio do qual participe.

Decreto nº 8.945/2016

§ 1º A política referida no caput deverá ser aprovada pelo Conselho de Administração da empresa ou, se não houver, de sua controladora, e incluirá:

I - documentos e informações estratégicos do negócio e demais relatórios e informações produzidos por exigência legal ou em razão de acordo de acionistas que sejam considerados essenciais para a defesa de seus interesses na sociedade empresarial investida;

II - relatório de execução do orçamento de capital e de realização de investimentos programados pela sociedade empresarial investida, inclusive quanto ao alinhamento dos custos orçados e dos realizados com os custos de mercado;

III - informe sobre execução da política de transações com partes relacionadas da sociedade empresarial investida;

IV - análise das condições de alavancagem financeira da sociedade empresarial investida;

V - avaliação de inversões financeiras e de processos relevantes de alienação de bens móveis e imóveis da sociedade empresarial investida;

VI - relatório de risco das contratações para execução de obras, fornecimento de bens e prestação de serviços relevantes para os interesses da empresa estatal investidora;

VII - informe sobre execução de projetos relevantes para os interesses da empresa estatal investidora;

VIII - relatório de cumprimento, nos negócios da sociedade empresarial investida, de condicionantes socioambientais estabelecidas pelos órgãos ambientais;

IX - avaliação das necessidades de novos aportes na sociedade empresarial investida e dos possíveis riscos de redução da rentabilidade esperada do negócio; e

X - qualquer outro relatório, documento ou informação produzido pela sociedade empresarial investida, considerado relevante para o cumprimento do comando constante do caput.

CAPÍTULO II - DO REGIME SOCIETÁRIO DAS EMPESAS ESTATAIS

Seção I - Das normas gerais

Art. 10. A sociedade de economia mista será constituída sob a forma de sociedade anônima e estará sujeita ao regime previsto na Lei nº 6.404, de 15 de dezembro de 1976, exceto no que se refere:

I - à quantidade mínima de membros do Conselho de Administração;

II - ao prazo de atuação dos membros do Conselho Fiscal; e

III - às pessoas aptas a propor ação de reparação por abuso do poder de controle e ao prazo prescricional para sua propositura.

§ 1º O disposto no caput aplica-se às subsidiárias de sociedade de economia mista, exceto quanto à constituição facultativa do Conselho de Administração e à possibilidade de adoção da forma de sociedade limitada para subsidiárias em liquidação.

§ 2º Além das normas previstas neste Decreto, a empresa estatal com registro na Comissão de Valores Mobiliários - CVM se sujeita ao disposto na Lei nº 6.385, de 7 de dezembro de 1976.

Art. 11. A empresa pública adotará, preferencialmente, a forma de sociedade anônima, que será obrigatória para as suas subsidiárias.

Parágrafo único. A empresa pública não poderá:

I - lançar debêntures ou outros títulos ou valores mobiliários, conversíveis em ações; e

II - emitir partes beneficiárias.

Art. 12. As empresas estatais deverão observar as regras de escrituração e elaboração de demonstrações financeiras contidas na Lei nº 6.404, de 1976, e nas normas da CVM, inclusive quanto à obrigatoriedade de auditoria independente por Auditor registrado naquela Autarquia.

Parágrafo único. As empresas estatais deverão elaborar demonstrações financeiras trimestrais nos termos do **caput** e divulgá-las em sítio eletrônico.

Art. 13. As empresas estatais deverão observar os seguintes requisitos mínimos de transparência:

I - elaboração de carta anual, subscrita pelos membros do Conselho de Administração, com a explicitação dos compromissos de consecução de objetivos de políticas públicas pela empresa estatal e por suas subsidiárias, em atendimento ao interesse coletivo ou ao imperativo de segurança nacional que justificou a autorização de sua criação, com a definição clara dos recursos a serem empregados para esse fim e dos impactos econômico-financeiros da consecução desses objetivos, mensuráveis por meio de indicadores objetivos;

II - adequação do objeto social, estabelecido no estatuto social, às atividades autorizadas na lei de criação;

III - divulgação tempestiva e atualizada de informações relevantes, em especial aquelas relativas a atividades desenvolvidas, estrutura de controle, fatores de risco, dados econômico-financeiros, comentários dos administradores sobre desempenho, políticas e práticas de governança corporativa e descrição da composição e da remuneração da administração;

MURILO JACOBY FERNANDES

IV - elaboração e divulgação de política de divulgação de informações, em conformidade com a legislação em vigor e com as melhores práticas;

V - elaboração de política de distribuição de dividendos, à luz do interesse público que justificou a criação da empresa estatal;

VI - divulgação, em notas explicativas às demonstrações financeiras, dos dados operacionais e financeiros das atividades relacionadas à consecução dos fins de interesse coletivo ou de imperativo de segurança nacional que justificou a criação da empresa estatal;

VII - elaboração e divulgação da política de transações com partes relacionadas, que abranja também as operações com a União e com as demais empresas estatais, em conformidade com os requisitos de competitividade, conformidade, transparência, equidade e comutatividade, que deverá ser revista, no mínimo, anualmente e aprovada pelo Conselho de Administração;

VIII - ampla divulgação, ao público em geral, de carta anual de governança corporativa, que consolide em um único documento escrito, em linguagem clara e direta, as informações de que trata o inciso III;

IX - divulgação anual de relatório integrado ou de sustentabilidade; e

X - divulgação, em local de fácil acesso ao público em geral, dos Relatórios Anuais de Atividades de Auditoria Interna - RAINT, assegurada a proteção das informações sigilosas e das informações pessoais, nos termos do art. 6º, caput, inciso III, da Lei nº 12.527, de 18 de novembro de 2011.

§ 1º Para fins de cumprimento do disposto neste artigo, a empresa estatal deverá elaborar carta anual única para os fins dos incisos I e III do caput, conforme modelo disponibilizado no sítio eletrônico do Ministério do Planejamento, Desenvolvimento e Gestão.

§ 2º O interesse público da empresa estatal, respeitadas as razões que motivaram a autorização legislativa, manifesta-se por meio do alinhamento entre seus objetivos e aqueles de políticas públicas, na forma explicitada na carta anual a que se refere o inciso I do caput.

§ 3º As obrigações e responsabilidades que a empresa estatal assuma em condições distintas às do setor em que atua deverão:

I - estar claramente definidas em lei ou regulamento e estarem previstas em contrato, convênio ou ajuste celebrado com o ente público competente para estabelecê-las, observada a ampla publicidade desses instrumentos; e

II - ter seu custo e suas receitas discriminados e divulgados de forma transparente, inclusive no plano contábil.

§ 4º Além das obrigações contidas neste artigo, as empresas estatais com registro na CVM sujeitam-se ao regime de informações e às regras de divulgação estabelecidos por essa Autarquia.

§ 5º Os documentos resultantes do cumprimento dos requisitos de transparência constantes dos incisos I a X do **caput** deverão ser divulgados no sítio eletrônico da empresa de forma permanente e cumulativa.

Art. 14. As subsidiárias poderão cumprir as exigências estabelecidas por este Decreto por meio de compartilhamento de custos, estruturas, políticas e mecanismos de divulgação com sua controladora.

Seção II - Gestão de riscos e controle interno

Art. 15. A empresa estatal adotará regras de estruturas e práticas de gestão de riscos e controle interno que abranjam:

I - ação dos administradores e empregados, por meio da implementação cotidiana de práticas de controle interno;

II - área de integridade e de gestão de riscos; e

III - auditoria interna e Comitê de Auditoria Estatutário.

Art. 16. A área de integridade e gestão de riscos terá suas atribuições previstas no estatuto social, com mecanismos que assegurem atuação independente, e deverá ser vinculada diretamente ao Diretor-Presidente, podendo ser conduzida por ele próprio ou por outro Diretor estatutário.

§ 1º O Diretor estatutário referido no caput poderá ter outras competências.

§ 2º O estatuto social preverá, ainda, a possibilidade de a área de integridade se reportar diretamente ao Conselho de Administração da empresa ou, se não houver, ao Conselho de Administração da controladora, nas situações em que houver suspeita do envolvimento do Diretor-Presidente em irregularidades ou quando este deixar de adotar as medidas necessárias em relação à situação a ele relatada.

§ 3º Serão enviados relatórios trimestrais ao Comitê de Auditoria Estatutário sobre as atividades desenvolvidas pela área de integridade.

Art. 17. A auditoria interna deverá:

I - auxiliar o Conselho de Administração da empresa ou, se não houver, de sua controladora, ao qual se reportará diretamente; e

II - ser responsável por aferir a adequação do controle interno, a efetividade do gerenciamento dos riscos e dos processos de

DECRETO Nº 8.945/2016

governança e a confiabilidade do processo de coleta, mensuração, classificação, acumulação, registro e divulgação de eventos e transações, visando ao preparo de demonstrações financeiras.

Art. 18. Será elaborado e divulgado pela empresa estatal Código de Conduta e Integridade, que disporá sobre:

I - princípios, valores e missão da empresa estatal, além de orientações sobre a prevenção de conflito de interesses e vedação de atos de corrupção e fraude;

II - instâncias internas responsáveis pela atualização e aplicação do Código de Conduta e Integridade;

III - canal de denúncias que possibilite o recebimento de denúncias internas e externas relativas ao descumprimento do Código de Conduta e Integridade e das demais normas internas de ética e obrigacionais;

IV - mecanismos de proteção que impeçam qualquer espécie de retaliação à pessoa que utilize o canal de denúncias;

V - sanções aplicáveis em caso de violação às regras do Código de Conduta e Integridade; e

VI - previsão de treinamento periódico, no mínimo anual, sobre o Código de Conduta e Integridade, para empregados e administradores, e sobre a política de gestão de riscos, para administradores.

Art. 19. A empresa estatal deverá:

I - divulgar toda e qualquer forma de remuneração dos administradores e Conselheiros Fiscais, de forma detalhada e individual; e

II - adequar constantemente suas práticas ao Código de Conduta e Integridade e a outras regras de boa prática de governança corporativa, na forma estabelecida por este Decreto e pela Comissão Interministerial de Governança Corporativa e de Administração de Participações Societárias da União - CGPAR.

Art. 20. A empresa estatal poderá utilizar a arbitragem para solucionar as divergências entre acionistas e sociedade, ou entre acionistas controladores e acionistas minoritários, nos termos previstos em seu estatuto social.

Seção III - Do comitê de elegibilidade

Art. 21. A empresa estatal criará comitê de elegibilidade estatutário com as seguintes competências:

I - opinar, de modo a auxiliar os acionistas na indicação de administradores e Conselheiros Fiscais sobre o preenchimento dos requisitos e a ausência de vedações para as respectivas eleições; e

II - verificar a conformidade do processo de avaliação dos administradores e dos Conselheiros Fiscais.

§ 1º O comitê de elegibilidade estatutário deliberará por maioria de votos, com registro em ata.

§ 2º A ata deverá ser lavrada na forma de sumário dos fatos ocorridos, inclusive das dissidências e dos protestos, e conter a transcrição apenas das deliberações tomadas.

§ 3º O comitê de elegibilidade estatutário poderá ser constituído por membros de outros comitês, preferencialmente o de auditoria, por empregados ou Conselheiros de Administração, observado o disposto nos arts. 156 e 165 da Lei nº 6.404, de 1976, sem remuneração adicional. .

Art. 22. O órgão ou a entidade da administração pública federal responsável pelas indicações de administradores e Conselheiros Fiscais encaminhará:

DECRETO Nº 8.945/2016

I - formulário padronizado para análise do comitê ou da comissão de elegibilidade da empresa estatal, acompanhado dos documentos comprobatórios e da sua análise prévia de compatibilidade; e

II - nome e dados da indicação à Casa Civil da Presidência da República, para fins de aprovação prévia.

§ 1º O formulário padronizado será disponibilizado no sítio eletrônico do Ministério do Planejamento, Desenvolvimento e Gestão.

§ 2º O comitê ou a comissão de elegibilidade deverá opinar, no prazo de oito dias úteis, contado da data de recebimento do formulário padronizado, sob pena de aprovação tácita e responsabilização dos seus membros caso se comprove o descumprimento de algum requisito.

§ 3º Após a manifestação do comitê ou da comissão de elegibilidade, o órgão ou a entidade da administração pública responsável pela indicação do Conselheiro deverá encaminhar sua decisão final de compatibilidade para a Procuradoria-Geral da Fazenda Nacional, no caso de indicação da União para empresa pública ou sociedade de economia mista, ou para a empresa controladora, no caso de indicação para subsidiárias.

§ 4º As indicações dos acionistas minoritários e dos empregados também deverão ser feitas por meio do formulário padronizado disponibilizado pelo Ministério do Planejamento, Desenvolvimento e Gestão e, caso não sejam submetidas previamente ao comitê ou à comissão de elegibilidade, serão verificadas pela secretaria da assembleia ou pelo Conselho de Administração no momento da eleição.

Art. 23. O órgão ou a entidade da administração pública federal responsável pela indicação de administradores ou Conselheiros Fiscais preservará a independência dos membros estatutários no exercício de suas funções.

Seção IV - Do estatuto social

Art. 24. O estatuto social da empresa estatal deverá conter as seguintes regras mínimas:

I - constituição do Conselho de Administração, com, no mínimo, sete e, no máximo, onze membros;

II - definição de, no mínimo, um requisito específico adicional para o cargo de Diretor, em relação ao cargo de Conselheiro de Administração, observado o quantitativo mínimo de três Diretores;

III - avaliação de desempenho, individual e coletiva, de periodicidade anual, dos membros estatutários, observados os seguintes quesitos mínimos para os administradores:

a) exposição dos atos de gestão praticados quanto à licitude e à eficácia da ação administrativa;

b) contribuição para o resultado do exercício; e

c) consecução dos objetivos estabelecidos no plano de negócios e atendimento à estratégia de longo prazo;

IV - constituição obrigatória do Conselho Fiscal e funcionamento de modo permanente;

V - constituição obrigatória do Comitê de Auditoria Estatutário e funcionamento de modo permanente, ficando autorizada a criação de comitê único pelas empresas que possuam subsidiária em sua estrutura;

VI - prazo de gestão unificado para os membros do Conselho de Administração, não superior a dois anos, sendo permitidas, no máximo, três reconduções consecutivas;

VII - prazo de gestão unificado para os membros da Diretoria, não superior a dois anos, permitidas, no máximo, três reconduções consecutivas;

VIII - segregação das funções de Presidente do Conselho de Administração e Presidente da empresa; e

IX - prazo de atuação dos membros do Conselho Fiscal não superior a dois anos, sendo permitidas, no máximo, duas reconduções consecutivas.

§ 1º A constituição do Conselho de Administração é facultativa para as empresas subsidiárias de capital fechado, nos termos do art. 31.

§ 2º No prazo a que se referem os incisos VI, VII e IX do caput serão considerados os períodos anteriores de gestão ou de atuação ocorridos há menos de dois anos e a transferência de Diretor para outra Diretoria da mesma empresa estatal.

§ 3º Para fins do disposto no inciso VII do caput, no caso de instituição financeira pública federal ou de empresa estatal de capital aberto, não se considera recondução a eleição de Diretor para atuar em outra Diretoria da mesma empresa estatal.

§ 4º Atingidos os prazos máximos a que se referem os incisos VI, VII e IX do caput, o retorno de membro estatutário para uma mesma empresa só poderá ocorrer após decorrido período equivalente a um prazo de gestão ou de atuação.

Seção V - Do acionista controlador

Art. 25. O acionista controlador da empresa estatal responderá pelos atos praticados com abuso de poder, nos termos da Lei nº 6.404, de 1976.

Art. 26. A pessoa jurídica que controla a empresa estatal tem os deveres e as responsabilidades do acionista controlador, estabelecidos na Lei nº 6.404, de 1976, e deverá exercer o poder de controle no interesse da empresa estatal, respeitado o interesse público que justificou a sua criação.

Seção VI - Do administrador e da assembleia geral

Art. 27. Sem prejuízo do disposto na Lei nº 13.303, de 2016, e em outras leis específicas, o administrador de empresa estatal é submetido às normas previstas na Lei nº 6.404, de 1976, inclusive quanto às regras de eleição, destituição e remuneração.

§ 1º A remuneração dos administradores será sempre fixada pela assembleia geral.

§ 2º O voto da União na assembleia geral que fixar a remuneração dos administradores das empresas estatais federais observará a orientação da Secretaria de Coordenação e Governança das Empresas Estatais do Ministério do Planejamento, Desenvolvimento e Gestão.

§ 3º Toda empresa estatal disporá de assembleia geral, que será regida pelo disposto na Lei nº 6.404, de 1976, inclusive quanto à sua competência para alterar o capital social e o estatuto social da empresa e para eleger e destituir seus Conselheiros a qualquer tempo.

Seção VII - Dos requisitos para ser administrador de empresas estatais

Art. 28. Os administradores das empresas estatais deverão atender os seguintes requisitos obrigatórios:

I - ser cidadão de reputação ilibada;

II - ter notório conhecimento compatível com o cargo para o qual foi indicado;

III - ter formação acadêmica compatível com o cargo para o qual foi indicado; e

IV - ter, no mínimo, uma das experiências profissionais abaixo:

a) dez anos, no setor público ou privado, na área de atuação da empresa estatal ou em área conexa àquela para a qual forem indicados em função de direção superior;

b) quatro anos em cargo de Diretor, de Conselheiro de Administração, de membro de comitê de auditoria ou de chefia superior em empresa de porte ou objeto social semelhante ao da empresa estatal, entendendo-se como cargo de chefia superior aquele situado nos dois níveis hierárquicos não estatutários mais altos da empresa;

c) quatro anos em cargo em comissão ou função de confiança equivalente a nível 4, ou superior, do Grupo-Direção e Assessoramento Superiores - DAS, em pessoa jurídica de direito público interno;

d) quatro anos em cargo de docente ou de pesquisador, de nível superior na área de atuação da empresa estatal; ou

e) quatro anos como profissional liberal em atividade vinculada à área de atuação da empresa estatal.

§ 1º A formação acadêmica deverá contemplar curso de graduação ou pós-graduação reconhecido ou credenciado pelo Ministério da Educação.

§ 2º As experiências mencionadas em alíneas distintas do inciso IV do caput não poderão ser somadas para a apuração do tempo requerido.

§ 3º As experiências mencionadas em uma mesma alínea do inciso IV do caput poderão ser somadas para a apuração do tempo requerido, desde que relativas a períodos distintos.

§ 4º Somente pessoas naturais poderão ser eleitas para o cargo de administrador de empresas estatais.

§ 5º Os Diretores deverão residir no País.

§ 6º Aplica-se o disposto neste artigo aos administradores das empresas estatais, inclusive aos representantes dos empregados e dos acionistas minoritários, e também às indicações da União ou das empresas estatais para o cargo de administrador em suas participações minoritárias em empresas estatais de outros entes federativos.

Seção VIII - Das vedações para indicação para compor o Conselho de Administração

Art. 29. É vedada a indicação para o Conselho de Administração e para a Diretoria:

I - de representante do órgão regulador ao qual a empresa estatal está sujeita;

II - de Ministro de Estado, de Secretário Estadual e de Secretário Municipal;

DECRETO Nº 8.945/2016

III - de titular de cargo em comissão na administração pública federal, direta ou indireta, sem vínculo permanente com o serviço público;

IV - de dirigente estatutário de partido político e de titular de mandato no Poder Legislativo de qualquer ente federativo, ainda que licenciado;

V - de parentes consanguíneos ou afins até o terceiro grau das pessoas mencionadas nos incisos I a IV;

VI - de pessoa que atuou, nos últimos trinta e seis meses, como participante de estrutura decisória de partido político;

VII - de pessoa que atuou, nos últimos trinta e seis meses, em trabalho vinculado a organização, estruturação e realização de campanha eleitoral;

VIII - de pessoa que exerça cargo em organização sindical;

IX - de pessoa física que tenha firmado contrato ou parceria, como fornecedor ou comprador, demandante ou ofertante, de bens ou serviços de qualquer natureza, com a União, com a própria estatal ou com empresa estatal do seu conglomerado estatal, nos três anos anteriores à data de sua nomeação;

X - de pessoa que tenha ou possa ter qualquer forma de conflito de interesse com a pessoa político-administrativa controladora da empresa estatal ou com a própria estatal; e

XI - de pessoa que se enquadre em qualquer uma das hipóteses de inelegibilidade previstas nas alíneas do inciso I do caput do art. 1º da Lei Complementar nº 64, de 18 de maio de 1990.

§ 1º Aplica-se a vedação do inciso III do caput ao servidor ou ao empregado público aposentado que seja titular de cargo em comissão da administração pública federal direta ou indireta.

MURILO JACOBY FERNANDES

§ 2º Aplica-se o disposto neste artigo a todos os administradores das empresas estatais, inclusive aos representantes dos empregados e dos minoritários, e também às indicações da União ou das empresas estatais para o cargo de administrador em suas participações minoritárias em empresas estatais de outros entes federativos.

Seção IX - Da verificação dos requisitos e das vedações para administradores e Conselheiros Fiscais

Art. 30. Os requisitos e as vedações para administradores e Conselheiros Fiscais são de aplicação imediata e devem ser observados nas nomeações e nas eleições realizadas a partir da data de publicação deste Decreto, inclusive nos casos de recondução.

§ 1º Os requisitos deverão ser comprovados documentalmente, na forma exigida pelo formulário padronizado, disponibilizado no sítio eletrônico do Ministério do Planejamento, Desenvolvimento e Gestão.

§ 2º Será rejeitado o formulário que não estiver acompanhado dos documentos comprobatórios.

§ 3º O indicado apresentará declaração de que não incorre em nenhuma das hipóteses de vedação, nos termos do formulário padronizado.

Seção X - Do Conselho de Administração

Art. 31. Todas as empresas estatais, ressalvadas as subsidiárias de capital fechado, deverão ter Conselho de Administração.

Art. 32. Sem prejuízo das competências previstas no art. 142 da Lei nº 6.404, de 1976, e das demais atribuições previstas na Lei nº 13.303, de 2016, compete ao Conselho de Administração:

DECRETO Nº 8.945/2016

I - discutir, aprovar e monitorar decisões que envolvam práticas de governança corporativa, relacionamento com partes interessadas, política de gestão de pessoas e código de conduta dos agentes;

II - implementar e supervisionar os sistemas de gestão de riscos e de controle interno estabelecidos para a prevenção e a mitigação dos principais riscos a que está exposta a empresa estatal, inclusive os riscos relacionados à integridade das informações contábeis e financeiras e aqueles relacionados à ocorrência de corrupção e fraude;

III - estabelecer política de divulgação de informações para mitigar o risco de contradição entre as diversas áreas e os executivos da empresa estatal; e

IV - avaliar os Diretores da empresa estatal, nos termos do inciso III do caput do art. 24, podendo contar com apoio metodológico e procedimental do comitê de elegibilidade estatutário referido no art. 21.

§ 1º Na hipótese de não ter sido constituído Conselho de Administração, as competências previstas no caput serão exercidas pela Diretoria.

§ 2º É vedada a existência de membro suplente no Conselho de Administração, inclusive para representante dos empregados.

Art. 33. No Conselho de Administração, é garantida a participação de:

I - um representante dos empregados, escolhido nos termos da Lei nº 12.353, de 28 de dezembro de 2010, inclusive quanto à eleição direta pelos empregados e à dispensa para empresas com menos de duzentos empregados; e

II - no mínimo, um representante dos acionistas minoritários, eleito nos termos da Lei nº 6.404, de 1976.

Art. 34. A remuneração mensal devida aos membros dos Conselhos de Administração da empresa estatal não excederá a dez por cento da remuneração mensal média dos Diretores da empresa, excluídos os valores relativos a adicional de férias e benefícios, sendo vedado o pagamento de participação, de qualquer espécie, nos lucros da empresa.

Art. 35. É vedada a participação remunerada de membros da administração pública federal, direta ou indireta, em mais de dois órgãos colegiados de empresa estatal, incluídos os Conselhos de Administração e Fiscal e os Comitês de Auditoria.

§ 1º Incluem-se na vedação do caput os servidores ou os empregados públicos de quaisquer dos Poderes da União, concursados ou não, exceto se estiverem licenciados sem remuneração, e os Diretores das empresas estatais de qualquer ente federativo.

§ 2º Incluem-se na vedação do caput os inativos ocupantes de cargo em comissão na administração pública federal direta ou indireta.

Art. 36. A composição do Conselho de Administração deve ter, no mínimo, vinte e cinco por cento de membros independentes.

§ 1º O Conselheiro de Administração independente caracteriza-se por:

I - não ter vínculo com a empresa estatal ou com empresa de seu conglomerado estatal, exceto quanto à participação em Conselho de Administração da empresa controladora ou à participação em seu capital social;

II - não ser cônjuge ou parente consanguíneo ou afim ou por adoção, até o terceiro grau, de chefe do Poder Executivo, de

Ministro de Estado, de Secretário de Estado, do Distrito Federal ou de Município ou de administrador da empresa estatal ou de empresa de seu conglomerado estatal;

III - não ter mantido, nos últimos três anos, vínculo de qualquer natureza com a empresa estatal ou com os seus controladores, que possa vir a comprometer a sua independência;

IV - não ser ou não ter sido, nos últimos três anos, empregado ou Diretor da empresa estatal, de empresa de seu conglomerado estatal ou de empresa coligada;

V - não ser fornecedor ou comprador, direto ou indireto, de serviços ou produtos da empresa estatal ou de empresa de seu conglomerado estatal;

VI - não ser empregado ou administrador de empresa ou entidade que ofereça ou demande serviços ou produtos à empresa estatal ou à empresa de seu conglomerado estatal; e

VII - não receber outra remuneração da empresa estatal ou de empresa de seu conglomerado estatal, além daquela relativa ao cargo de Conselheiro, exceto a remuneração decorrente de participação no capital da empresa.

§ 2º Na hipótese de o cálculo do número de Conselheiros independentes não resultar em número inteiro, será feito o arredondamento:

I - para mais, quando a fração for igual ou superior a cinco décimos; e

II - para menos, quando a fração for inferior a cinco décimos.

§ 3º Para os fins deste artigo, serão considerados independentes os Conselheiros eleitos por acionistas minoritários, mas não aqueles eleitos pelos empregados.

MURILO JACOBY FERNANDES

§ 4º O Ministério supervisor ao qual a empresa estatal esteja vinculada, ou sua controladora, deverá indicar os membros independentes do Conselho de Administração de que trata o caput, caso os demais acionistas não o façam.

Art. 37. É condição para a investidura em cargo de Diretoria da empresa estatal a assunção de compromisso com metas e resultados específicos a serem alcançados, que deverá ser aprovado pelo Conselho de Administração, ao qual incumbe fiscalizar o seu cumprimento.

§ 1º Sem prejuízo do disposto no caput, a Diretoria deverá apresentar, até a última reunião ordinária do Conselho de Administração do ano anterior, a quem compete sua aprovação:

I - o plano de negócios para o exercício anual seguinte; e

II - a estratégia de longo prazo atualizada com análise de riscos e oportunidades para, no mínimo, os cinco anos seguintes.

§ 2º Na hipótese de não ter sido constituído Conselho de Administração, a Diretoria-Executiva aprovará o plano de negócios e a estratégia de longo prazo.

§ 3º Compete ao Conselho de Administração da empresa, se houver, ou de sua controladora, sob pena de seus integrantes responderem por omissão, promover anualmente análise quanto ao atendimento das metas e dos resultados na execução do plano de negócios e da estratégia de longo prazo, devendo publicar suas conclusões e informá-las ao Congresso Nacional e ao Tribunal de Contas da União.

§ 4º Excluem-se da obrigação de publicação a que se refere o § 3º as informações de natureza estratégica cuja divulgação possa ser comprovadamente prejudicial ao interesse da empresa estatal.

DECRETO Nº 8.945/2016

§ 5º O atendimento das metas e dos resultados na execução do plano de negócios e da estratégia de longo prazo deverá gerar reflexo financeiro para os Diretores das empresas estatais, inclusive nas empresas dependentes ou deficitárias, sob a forma de remuneração variável, nos termos estabelecidos pela Secretaria de Coordenação e Governança das Empresas Estatais do Ministério do Planejamento, Desenvolvimento e Gestão.

Seção XI - Do Comitê de Auditoria Estatutário

Art. 38. A empresa estatal deverá possuir Comitê de Auditoria Estatutário como órgão auxiliar do Conselho de Administração da empresa, se houver, ou de sua controladora, ao qual se reportará diretamente, observará o disposto no art. 16.

§ 1º Competirá ao Comitê de Auditoria Estatutário, sem prejuízo de outras competências previstas em lei:

I - opinar sobre a contratação e a destituição de auditor independente;

II - supervisionar as atividades dos auditores independentes e avaliar a sua independência, a qualidade dos serviços prestados e a adequação de tais serviços às necessidades da empresa estatal;

III - supervisionar as atividades desenvolvidas nas áreas de controle interno, de auditoria interna e de elaboração das demonstrações financeiras da empresa estatal;

IV - monitorar a qualidade e a integridade dos mecanismos de controle interno, das demonstrações financeiras e das informações e medições divulgadas pela empresa estatal;

V - avaliar e monitorar a exposição ao risco da empresa estatal e requerer, entre outras, informações detalhadas sobre políticas e procedimentos referentes a:

MURILO JACOBY FERNANDES

a) remuneração da administração;

b) utilização de ativos da empresa estatal; e

c) gastos incorridos em nome da empresa estatal;

VI - avaliar e monitorar, em conjunto com a administração da estatal e a área de auditoria interna, a adequação e a divulgação das transações com partes relacionadas;

VII - elaborar relatório anual com informações sobre as atividades, os resultados, as conclusões e as suas recomendações, e registrar, se houver, as divergências significativas entre administração, auditoria independente e o Comitê de Auditoria Estatutário em relação às demonstrações financeiras; e

VIII - avaliar a razoabilidade dos parâmetros em que se fundamentam os cálculos atuariais e o resultado atuarial dos planos de benefícios mantidos pelo fundo de pensão, quando a empresa estatal for patrocinadora de entidade fechada de previdência complementar.

§ 2º O Comitê de Auditoria Estatutário deverá possuir meios para receber denúncias, inclusive de caráter sigiloso, internas e externas à empresa estatal, em matérias relacionadas às suas atividades.

§ 3º O Comitê de Auditoria Estatutário deverá realizar, no mínimo, quatro reuniões mensais nas empresas de capital aberto e nas instituições financeiras, ou, no mínimo, duas reuniões nas demais empresas estatais.

§ 4º A empresa estatal deverá divulgar as atas das reuniões do Comitê de Auditoria Estatutário.

§ 5º Na hipótese de o Conselho de Administração considerar que a divulgação da ata possa pôr em risco interesse legítimo da empresa estatal, apenas o seu extrato será divulgado.

§ 6º A restrição de que trata o § 5º não será oponível aos órgãos de controle, que terão total e irrestrito acesso ao conteúdo das atas do Comitê de Auditoria Estatutário, observada a transferência de sigilo.

§ 7º O Comitê de Auditoria Estatutário deverá possuir autonomia operacional e dotação orçamentária, anual ou por projeto, nos limites aprovados pelo Conselho de Administração, para conduzir ou determinar a realização de consultas, avaliações e investigações relacionadas às suas atividades, inclusive com a contratação e a utilização de especialistas externos independentes.

§ 8º A remuneração dos membros do Comitê de Auditoria Estatutário será fixada pela assembleia geral, em montante não inferior à remuneração dos Conselheiros Fiscais.

§ 9º Os membros do Conselho de Administração poderão ocupar cargo no Comitê de Auditoria Estatutário da própria empresa, desde que optem pela remuneração de membro do referido Comitê.

Art. 39. O Comitê de Auditoria Estatutário, eleito e destituído pelo Conselho de Administração, será integrado por, no mínimo, três membros e, no máximo, cinco membros.

§ 1º São condições mínimas para integrar o Comitê de Auditoria Estatutário:

I - não ser ou ter sido, nos doze meses anteriores à nomeação para o Comitê:

a) Diretor, empregado ou membro do Conselho Fiscal da empresa estatal ou de sua controladora, subsidiária, coligada ou sociedade em controle comum, direta ou indireta; e

MURILO JACOBY FERNANDES

b) responsável técnico, Diretor, gerente, supervisor ou qualquer outro integrante com função de gerência de equipe envolvida nos trabalhos de auditoria na empresa estatal;

II - não ser cônjuge ou parente consanguíneo ou afim ou por adoção, até o segundo grau, das pessoas referidas no inciso I;

III - não receber qualquer outro tipo de remuneração da empresa estatal ou de sua controladora, subsidiária, coligada ou sociedade em controle comum, direta ou indireta, que não seja aquela relativa à função de membro do Comitê de Auditoria Estatutário;

IV - não ser ou ter sido ocupante de cargo público efetivo, ainda que licenciado, ou de cargo em comissão na administração pública federal direta, nos doze meses anteriores à nomeação para o Comitê de Auditoria Estatutário; e

V - não se enquadrar nas vedações de que tratam os incisos I, IV, IX, X e XI do caput do art. 29.

§ 2º O Comitê de Auditoria Estatutário será composto de modo que a maioria dos membros observe também as demais vedações de que trata o art. 29.

§ 3º O disposto na alínea "a" do inciso I do § 1º não se aplica a empregado de empresa estatal não vinculada ao mesmo conglomerado estatal.

§ 4º O disposto no inciso IV do § 1º se aplica a servidor de autarquia ou fundação que tenha atuação nos negócios da empresa estatal.

§ 5º Os membros do Comitê de Auditoria Estatutário devem ter experiência profissional ou formação acadêmica compatível com o cargo, preferencialmente na área de contabilidade, auditoria ou no setor de atuação da empresa, devendo, no mínimo, um dos membro [sic] obrigatoriamente ter experiência profissional reconhecida em assuntos de contabilidade societária.

§ 6º Na formação acadêmica, exige-se curso de graduação ou pós-graduação reconhecido ou credenciado pelo Ministério da Educação.

§ 7º O atendimento às previsões deste artigo deve ser comprovado por meio de documentação mantida na sede da empresa estatal pelo prazo mínimo de cinco anos, contado do último dia de mandato do membro do Comitê de Auditoria Estatutário.

§ 8º É vedada a existência de membro suplente no Comitê de Auditoria Estatutário.

§ 9º O mandato dos membros do Comitê de Auditoria Estatutário será de dois ou três anos, não coincidente para cada membro, permitida uma reeleição.

§ 10. Os membros do Comitê de Auditoria Estatutário poderão ser destituídos pelo voto justificado da maioria absoluta do Conselho de Administração.

§ 11. O Conselho de Administração poderá convidar membros do Comitê de Auditoria Estatutário para assistir às suas reuniões, sem direito a voto.

Seção XII - Do Conselho Fiscal

Art. 40. Além das normas previstas neste Decreto, aplicam-se aos membros do Conselho Fiscal da empresa estatal o disposto na Lei nº 6.404, de 1976, inclusive quanto a seus poderes, deveres e responsabilidades, a requisitos e impedimentos para a investidura e a remuneração.

§ 1º É vedado o pagamento de participação no lucro da empresa para os membros do Conselho Fiscal e o pagamento de remuneração a esses membros em montante superior ao pago para os Conselheiros de Administração.

§ 2º O Conselho Fiscal contará com, no mínimo, um membro indicado pelo Ministério da Fazenda, como representante do Tesouro Nacional, que deverá ser servidor público com vínculo permanente com a administração pública federal.

Art. 41. Os Conselheiros Fiscais das empresas estatais deverão atender os seguintes critérios:

I - ser pessoa natural, residente no País e de reputação ilibada;

II - ter formação acadêmica compatível com o exercício da função;

III - ter experiência mínima de três anos em cargo de:

a) direção ou assessoramento na administração pública, direta ou indireta; ou

b) Conselheiro Fiscal ou administrador em empresa;

IV - não se enquadrar nas vedações de que tratam os incisos I, IV, IX, X e XI do caput do art. 29;

V - não se enquadrar nas vedações de que trata o art. 147 da Lei nº 6.404, de 1976; e

VI - não ser ou ter sido membro de órgão de administração nos últimos vinte e quatro meses e não ser empregado da empresa estatal ou de sua subsidiária, ou do mesmo grupo, ou ser cônjuge ou parente, até terceiro grau, de administrador da empresa estatal.

§ 1º A formação acadêmica deverá contemplar curso de graduação ou pós-graduação reconhecido ou credenciado pelo Ministério da Educação.

§ 2º As experiências mencionadas em alíneas distintas do inciso III do caput não poderão ser somadas para a apuração do tempo requerido.

§ 3º As experiências mencionadas em uma mesma alínea do inciso III do caput poderão ser somadas para apuração do tempo requerido, desde que relativas a períodos distintos.

§ 4º O disposto no inciso VI do caput não se aplica aos empregados da empresa estatal controladora, ainda que sejam integrantes de seus órgãos de administração, quando inexistir grupo de sociedades formalmente constituído.

§ 5º Aplica-se o disposto neste artigo aos Conselheiros Fiscais das empresas estatais, inclusive aos representante [sic] dos minoritários, e às indicações da União ou das empresas estatais em suas participações minoritárias em empresas estatais de outros entes federativos.

Seção XIII - Do treinamento e do seguro de responsabilidade

Art. 42. Os administradores e Conselheiros Fiscais das empresas estatais, inclusive os representantes de empregados e minoritários, devem participar, na posse e anualmente, de treinamentos específicos disponibilizados pela empresa estatal sobre:

I - legislação societária e de mercado de capitais;

II - divulgação de informações;

III - controle interno;

IV - código de conduta;

V - Lei nº 12.846, de 1º de agosto de 2013; e

VI - demais temas relacionados às atividades da empresa estatal.

Parágrafo único. É vedada a recondução do administrador ou do Conselheiro Fiscal que não participar de nenhum treinamento anual disponibilizado pela empresa nos últimos dois anos.

Art. 43. O estatuto da empresa estatal poderá dispor sobre a contratação de seguro de responsabilidade civil pelos administradores.

CAPÍTULO III - DA FUNÇÃO SOCIAL DA EMPRESA ESTATAL

Art. 44. A empresa estatal terá a função social de realização do interesse coletivo ou de atendimento a imperativo da segurança nacional expressa no instrumento de autorização legal para a sua criação.

§ 1º A realização do interesse coletivo de que trata este artigo deverá ser orientada para o alcance do bem-estar econômico e para a alocação socialmente eficiente dos recursos geridos pela empresa estatal, e também para:

I - a ampliação economicamente sustentada do acesso de consumidores aos produtos e serviços da empresa estatal; ou

II - o desenvolvimento ou o emprego de tecnologia brasileira para produção e oferta de produtos e serviços da empresa estatal, sempre de maneira economicamente justificada.

§ 2º A empresa estatal deverá, nos termos da lei, adotar práticas de sustentabilidade ambiental e de responsabilidade social corporativa compatíveis com o mercado em que atua.

§ 3º A empresa estatal poderá celebrar instrumentos de convênio quando observados os seguintes parâmetros cumulativos:

I - a convergência de interesses entre as partes;

II - a execução em regime de mútua cooperação;

Decreto Nº 8.945/2016

III - o alinhamento com a função social de realização do interesse coletivo;

IV - a análise prévia da conformidade do convênio com a política de transações com partes relacionadas;

V - a análise prévia do histórico de envolvimento com corrupção ou fraude, por parte da instituição beneficiada, e da existência de controles e políticas de integridade na instituição; e

VI - a vedação de celebrar convênio com dirigente de partido político, titular de mandato eletivo, empregado ou administrador da empresa estatal, ou com seus parentes consanguíneos ou afins até o terceiro grau, e também com pessoa jurídica cujo proprietário ou administrador seja uma dessas pessoas.

§ 4º Além do disposto no § 3º, a celebração de convênio ou contrato de patrocínio deverá observar os seguintes parâmetros cumulativos adicionais:

I - a destinação para promoção de atividades culturais, sociais, esportivas, educacionais e de inovação tecnológica;

II - a vinculação ao fortalecimento da marca da empresa estatal; e

III - a aplicação, no que couber, da legislação de licitações e contratos.

Capítulo IV - Da Fiscalização pelo Estado e pela Sociedade

Art. 45. Os órgãos de controle externo e interno da União fiscalizarão as empresas estatais, inclusive aquelas domiciliadas no exterior, quanto à legitimidade, à economicidade e à eficácia da aplicação de seus recursos, sob o ponto de vista contábil, financeiro, operacional e patrimonial.

§ 1º Para a realização da atividade fiscalizatória de que trata o caput, os órgãos de controle deverão ter acesso irrestrito aos documentos e às informações necessários à realização dos trabalhos, inclusive aqueles classificados como sigilosos pela empresa estatal, nos termos da Lei nº 12.527, de 2011.

§ 2º O grau de confidencialidade será atribuído pelas empresas estatais no ato de entrega dos documentos e das informações solicitados, tornando-se o órgão de controle com o qual foi compartilhada a informação sigilosa corresponsável pela manutenção do seu sigilo.

§ 3º Os atos de fiscalização e de controle dispostos neste Capítulo serão aplicados, também, às empresas estatais transnacionais no que se refere aos atos de gestão e de aplicação do capital nacional, independentemente de estarem incluídos ou não em seus atos e acordos constitutivos.

Art. 46. As informações das empresas estatais relativas a licitações e contratos, inclusive aqueles referentes a bases de preços, constarão de bancos de dados eletrônicos atualizados e com acesso em tempo real aos órgãos de controle externo e interno da União.

§ 1º As demonstrações contábeis auditadas da empresa estatal serão disponibilizadas no sítio eletrônico da empresa na internet, inclusive em formato eletrônico editável.

§ 2º As atas e os demais expedientes oriundos de reuniões, ordinárias ou extraordinárias, dos Conselhos de Administração ou Fiscal das empresas estatais, inclusive gravações e filmagens, quando houver, deverão ser disponibilizados para os órgãos de controle sempre que solicitados, no âmbito dos trabalhos de auditoria.

§ 3º O acesso dos órgãos de controle às informações referidas neste Capítulo será restrito e individualizado.

DECRETO Nº 8.945/2016

§ 4º As informações que sejam revestidas de sigilo bancário, estratégico, comercial ou industrial serão assim identificadas, respondendo o servidor responsável pela atividade fiscalizatória administrativa, civil e penalmente pelos danos causados à empresa estatal e a seus acionistas em razão de eventual divulgação indevida.

§ 5º Os critérios para a definição do que deve ser considerado sigilo estratégico, comercial ou industrial serão estabelecidos em Decreto específico.

Art. 47. O controle das despesas decorrentes dos contratos e dos demais instrumentos regidos pela Lei nº 13.303, de 2016, será feito pelos órgãos de controle externo e interno da União, na forma da legislação pertinente, ficando as empresas estatais responsáveis pela demonstração da legalidade e da regularidade da despesa e da execução, nos termos da Constituição.

§ 1º Qualquer cidadão é parte legítima para impugnar edital de licitação por irregularidade quanto à aplicação do disposto na Lei nº 13.303, de 2016, devendo protocolar o pedido no prazo de cinco dias úteis anteriores à data fixada para a ocorrência do certame, devendo a entidade julgar e responder à impugnação no prazo de três dias úteis, sem prejuízo do disposto no § 2º.

§ 2º Qualquer licitante, contratado ou pessoa física ou jurídica poderá representar aos órgãos de controle externo e interno da União contra irregularidades quanto à aplicação do disposto neste Decreto.

§ 3º Os órgãos de controle externo e interno da União poderão solicitar para exame, a qualquer tempo, documentos de natureza contábil, financeira, orçamentária, patrimonial e operacional das empresas estatais sediadas no País e no exterior, obrigando-se os jurisdicionados à adoção das medidas corretivas pertinentes que, em função desse exame, lhes forem determinadas.

Art. 48. As empresas estatais deverão disponibilizar para conhecimento público, por meio eletrônico, informação completa, atualizada mensalmente, sobre a execução de seus contratos e de seu orçamento, admitindo-se retardo de até dois meses para a divulgação das informações.

§ 1º A disponibilização de informações contratuais referentes a operações de perfil estratégico ou que tenham por objeto segredo industrial receberá proteção mínima necessária para lhes garantir a confidencialidade.

§ 2º O disposto no § 1º não será oponível à fiscalização dos órgãos de controle externo e interno da União, sem prejuízo da responsabilização administrativa, civil e penal do servidor que der causa à eventual divulgação dessas informações.

Art. 49. O exercício da supervisão feita pelo Ministério ao qual a empresa estatal esteja vinculada não pode ensejar a redução ou a supressão da autonomia conferida pela lei específica que autorizou a criação da empresa estatal supervisionada ou da autonomia inerente a sua natureza, nem autoriza a ingerência do Ministério supervisor em sua administração e seu funcionamento, devendo a supervisão ser exercida nos limites da legislação aplicável, com foco na realização de políticas públicas transparentes e em harmonia com o objeto social da empresa estatal vinculada e com as diretrizes do Plano Plurianual.

Art. 50. As ações e deliberações do Tribunal de Contas da União, do Ministério da Transparência, Fiscalização e Controladoria-Geral da União - CGU e do Ministério supervisor ao qual a empresa estatal esteja vinculada não podem implicar

Decreto nº 8.945/2016

interferência na gestão das empresas estatais nem ingerência no exercício de suas competências ou na definição da forma de execução das políticas públicas setoriais.

Capítulo V - Do Tratamento diferenciado para empresas estatais de menor porte

Art. 51. A empresa estatal de menor porte terá tratamento diferenciado apenas quanto aos itens previstos neste Capítulo.

§ 1º Considera-se empresa de menor porte aquela que tiver apurado receita operacional bruta inferior a R$ 90.000.000,00 (noventa milhões de reais) com base na última demonstração contábil anual aprovada pela assembleia geral.

§ 2º Para fins da definição como empresa estatal de menor porte, o valor da receita operacional bruta:

I - das subsidiárias será considerado para definição do enquadramento da controladora; e

II - da controladora e das demais subsidiárias não será considerado para definição da classificação de cada subsidiária.

§ 3º A empresa estatal de menor porte que apurar, nos termos dos § 1º e § 2º, receita operacional bruta igual ou superior a R$ 90.000.000,00 (noventa milhões de reais) terá o tratamento diferenciado cancelado e deverá promover os ajustes necessários no prazo de até um ano, contado do primeiro dia útil do ano imediatamente posterior ao do exercício social em que houver excedido aquele limite.

Art. 52. O Conselho de Administração terá, no mínimo, três Conselheiros e poderá contar com um membro independente, desde que haja previsão estatutária.

Art. 53. A Diretoria-Executiva terá, no mínimo, dois Diretores.

Parágrafo único. Fica dispensada a exigência de requisito adicional para o exercício do cargo de Diretor a que se refere o inciso II do caput do art. 24.

Art. 54. Os administradores deverão atender obrigatoriamente os seguintes critérios:

I - os requisitos estabelecidos no art. 28, com metade do tempo de experiência previsto em seu inciso IV; e

II - as vedações de que tratam os incisos I, IV, IX, X e XI do caput do art. 29.

Art. 55. A representação dos acionistas minoritários no Conselho de Administração observará integralmente o disposto na Lei nº 6.404, de 1976.

Art. 56. Os Conselheiros Fiscais deverão atender os seguintes critérios obrigatórios:

I - ser pessoa natural, residente no País e de reputação ilibada;

II - ter graduação em curso superior reconhecido pelo Ministério da Educação;

III - ter experiência mínima de três anos, em pelo menos uma das seguintes funções:

a) direção ou assessoramento na administração pública federal, direta ou indireta;

b) Conselheiro Fiscal ou administrador em empresa;

c) membro de comitê de auditoria em empresa; e

d) cargo gerencial em empresa;

IV - não se enquadrar nas vedações de que tratam os incisos I, IV, IX, X e XI do caput do art. 29; e

V - não ser ter sido membro de órgãos de administração nos últimos vinte e quatro meses e não ser empregado da empresa estatal, de sociedade controlada ou do mesmo grupo, nem ser cônjuge ou parente, até terceiro grau, de administrador da empresa estatal.

§ 1º As experiências mencionadas em alíneas distintas do inciso III do caput não poderão ser somadas para a apuração do tempo requerido.

§ 2º As experiências mencionadas nas alíneas do inciso III do **caput** poderão ser somadas para apuração do tempo requerido, desde que relativas a períodos distintos.

§ 3º O disposto no inciso V do caput não se aplica a empregado da empresa estatal controladora quando inexistir grupo econômico formalmente constituído.

Art. 57. São condições mínimas para integrar o Comitê de Auditoria Estatutário:

I - não ser ou ter sido, nos doze meses anteriores à nomeação para o Comitê:

a) Diretor ou membro do Conselho Fiscal da empresa estatal ou de sua controladora, subsidiária, coligada ou sociedade em controle comum, direta ou indireta; e

b) responsável técnico, Diretor, gerente, supervisor ou qualquer outro integrante com função de gerência de equipe envolvida nos trabalhos de auditoria na empresa estatal;

II - não ser cônjuge ou parente consanguíneo ou afim, até o segundo grau ou por adoção, das pessoas referidas no inciso I;

III - não se enquadrar nas vedações de que tratam os incisos I, IV, IX, X e XI do caput do art. 29; e

IV - ter experiência profissional e formação acadêmica, de que tratam os § 5º e § 6º do art. 39.

Capítulo VI – Disposições Finais

Art. 58. O disposto nos arts. 54 e 56 aplica-se às indicações da União ou das empresas estatais em suas participações minoritárias em empresas privadas.

Parágrafo único. As empresas estatais poderão prever critérios adicionais para as suas indicações em suas participações minoritárias em empresas privadas.

Art. 59. O Ministério do Planejamento, Desenvolvimento e Gestão manterá banco de dados público e gratuito, disponível na internet, com a relação das empresas estatais federais.

Parágrafo único. As empresas estatais deverão manter seus dados integral e constantemente atualizados no Sistema de Informações das Empresas Estatais - SIEST.

Art. 60. As despesas com publicidade e patrocínio da empresa estatal não ultrapassarão, em cada exercício, o limite de cinco décimos por cento da receita operacional bruta do exercício anterior, com base nas demonstrações contábeis consolidadas do conglomerado estatal.

§ 1º O limite disposto no caput poderá ser ampliado até o limite de dois por cento da receita bruta do exercício anterior, por proposta da Diretoria, justificada com base em parâmetros de mercado do setor específico de atuação da estatal, e aprovada pelo Conselho de Administração da empresa pública ou da sociedade de economia mista.

§ 2º É vedado à empresa estatal realizar, em ano de eleições federais, despesas com publicidade e patrocínio que excedam a média dos gastos nos três últimos anos que antecedem o pleito ou no último ano imediatamente anterior à eleição.

DECRETO Nº 8.945/2016

Art. 61. Aplicam-se às empresas estatais as sanções estabelecidas na Lei nº 12.846, de 2013, exceto aquelas previstas nos incisos II, III e IV do caput do art. 19 da referida Lei.

Art. 62. A investidura em cargo estatutário observará os requisitos e as vedações vigentes na data da posse ou da eleição, no caso de Conselheiro Fiscal.

§ 1º A recondução ou a troca de Diretoria enseja novo ato de posse ou nova eleição, devendo ser considerados os requisitos vigentes no momento da nova posse ou da nova eleição.

§ 2º Para os fins deste Decreto, as indicações de administradores e de Conselheiros fiscais considerarão:

I - compatível a formação acadêmica preferencialmente em:

a) Administração ou Administração Pública;

b) Ciências Atuariais;

c) Ciências Econômicas;

d) Comércio Internacional;

e) Contabilidade ou Auditoria;

f) Direito;

g) Engenharia;

h) Estatística;

i) Finanças;

j) Matemática; e

k) curso aderente à área de atuação da empresa para a qual foi indicado;

II - incompatível a experiência em cargo eletivo equivalente a cargo em comissão equivalente nível 4 ou superior do Grupo DAS, ou conexo à área de atuação das empresas estatais; e

III - compatível a experiência em cargo de Ministro, Secretário Estadual, Secretário Distrital, Secretário Municipal, ou Chefe de

Gabinete desses cargos, da Presidência da República e dos Chefes de outros Poderes equivalente a cargo em comissão do Grupo-DAS de nível 4 ou superior.

§ 3º A formação acadêmica deverá contemplar curso de graduação ou pós-graduação reconhecido ou credenciado pelo Ministério da Educação.

CAPÍTULO VII – DISPOSIÇÕES TRANSITÓRIAS

Art. 63. As adaptações requeridas neste Decreto prescindem de alteração da legislação específica sobre a empresa estatal, ainda que essa contenha dispositivo que conflite com o disposto na Lei nº 13.303, de 2016.

Art. 64. As empresas estatais deverão adequar os seus estatutos sociais ao disposto neste Decreto até 30 de junho de 2018, se não fixado prazo inferior pela CGPAR.

§ 1º Enquanto os estatutos sociais não forem alterados para constituir o comitê de elegibilidade de que trata o art. 21, as empresas estatais deverão instituir, no prazo de até quinze dias, contado da data de entrada em vigor deste Decreto, comissão interna, transitória e não estatutária, para exercer temporariamente as competências de que trata o inciso I do caput do art. 21.

§ 2º Enquanto os estatutos sociais não forem alterados para constituir o Comitê de Auditoria Estatutário de que trata o art. 38, as empresas estatais poderão instituir colegiado equivalente, transitório e não estatutário, para exercer temporariamente as competências estabelecidas no art. 38, independentemente da observância ao disposto nos § 1º e § 2º do referido artigo.

Art. 65. O Conselho de Administração ou, se não houver, a assembleia geral, deverá estipular calendário para o cumprimento

DECRETO Nº 8.945/2016

integral do disposto neste Decreto em relação aos itens que prescindem de alteração estatutária.

Art. 66. Os administradores e os Conselheiros Fiscais empossados até 30 de junho de 2016 poderão permanecer no exercício de seus mandatos ou manter os prazos de gestão atuais até o fim dos respectivos prazos, exceto se houver decisão em contrário da assembleia geral ou do Conselho de Administração da empresa estatal.

§ 1º A adaptação ao prazo de gestão e de atuação fixado nos incisos VI, VII e IX do caput do art. 24 poderá ser efetivada ao final da gestão e da atuação dos membros eleitos ou até 30 de junho de 2018, o que ocorrer primeiro.

§ 2º O limite de recondução a que se referem os incisos VI, VII e IX do caput do art. 24 somente será considerado para os prazos de gestão ou de atuação iniciados após 30 de junho de 2016.

Art. 67. A empresa estatal cujo Conselho de Administração tiver mais de onze membros deverá deixar os cargos excedentes vagos quando houver desligamento de Conselheiro indicado pelo acionista controlador.

Art. 68. A sociedade de economia mista de capital fechado poderá resgatar a totalidade das ações de seu capital que sejam detidas pelos demais acionistas, com base no valor de patrimônio líquido constante do último balanço aprovado pela assembleia geral, transformando-se em empresa pública.

Art. 69. O conglomerado estatal que tiver duas ou mais subsidiárias, com estruturas administrativas próprias e mesmos objetos sociais, deverá avaliar a necessidade de manutenção dessas estruturas, por meio de deliberação do Conselho de Administração da empresa estatal controladora.

MURILO JACOBY FERNANDES

Art. 70. O Código de Conduta da Alta Administração Federal deverá ser alterado até 30 de junho de 2018, por meio de proposta da Comissão de Ética Pública da Presidência da República, para:

I - vedar a divulgação, sem autorização do órgão competente da empresa estatal, de informação que possa causar impacto na cotação dos títulos da empresa estatal e em suas relações com o mercado ou com os consumidores e fornecedores; e

II - dispor sobre normas de conduta e integridade.

Art. 71. O regime de licitação e contratação da Lei nº 13.303, de 2016, é autoaplicável, exceto quanto a:

I - procedimentos auxiliares das licitações, de que tratam os art. 63 a art. 67 da Lei nº 13.303, de 2016;

II - procedimento de manifestação de interesse privado para o recebimento de propostas e projetos de empreendimentos, de que trata o § 4º do art. 31 da Lei nº 13.303, de 2016;

III - etapa de lances exclusivamente eletrônica, de que trata o § 4º da art. 32 da Lei nº 13.303, de 2016;

IV - preparação das licitações com matriz de riscos, de que trata o inciso X do caput do art. 42 da Lei nº 13.303, de 2016;

V - observância da política de transações com partes relacionadas, a ser elaborada, de que trata o inciso V do caput do art. 32 da Lei nº 13.303, de 2016; e

VI - disponibilização na internet do conteúdo informacional requerido nos art. 32, § 3º, art. 39, art. 40 e art. 48 da Lei nº 13.303, de 2016.

§ 1º A empresa estatal deverá editar regulamento interno de licitações e contratos até o dia 30 de junho de 2018, que deverá dispor sobre o estabelecido nos incisos do **caput**, os níveis de alçada decisória e a tomada de decisão, preferencialmente de forma colegiada, e ser aprovado pelo Conselho de Administração da empresa, se houver, ou pela assembleia geral.

§ 2º É permitida a utilização da legislação anterior para os procedimentos licitatórios e contratos iniciados ou celebrados até a edição do regulamento interno referido no § 1º ou até o dia 30 de junho de 2018, o que ocorrer primeiro.

Art. 72. Fica criada a Assembleia Geral:

I - no Banco Nacional de Desenvolvimento - BNDES;

II - na Caixa Econômica Federal;

III - na Casa da Moeda do Brasil;

IV - na Empresa de Tecnologia e Informações da Previdência Social - Dataprev;

V - na Empresa Brasileira de Pesquisa Agropecuária - Embrapa;

VI - na Empresa Gestora de Ativos - Emgea;

VII - na Empresa Gerencial de Projetos Navais - Emgepron;

VIII - na Financiadora de Estudos e Projetos - Finep;

IX - no Hospital de Clínicas de Porto Alegre;

X - na Indústria de Material Bélico do Brasil - Imbel;

XI - na Empresa de Pesquisa Energética - EPE; e

XII - no Serviço Federal de Processamento de Dados - Serpro.

Parágrafo único. As assembleias gerais criadas na forma do caput possuem as competências da Lei nº 6.404, de 1976, e poderão inclusive aprovar alterações no estatuto social da empresa estatal.

Art. 73. Fica a União dispensada de adquirir ações e de exercer o direito de preferência para a subscrição de ações em aumentos de capital de empresas em que possua participação acionária minoritária.

MURILO JACOBY FERNANDES

§ 1º Para as participações acionárias minoritárias vinculadas a acordo de acionistas ou em coligadas, o disposto no caput depende de autorização do Ministro de Estado da Fazenda, ouvida a Secretaria do Tesouro Nacional.

§ 2º Para as demais participações minoritárias da União, fica também dispensada a manifestação da União sobre os assuntos a serem deliberados pelas assembleias gerais de acionistas, exceto para exercer o direito de eleger membros de órgãos estatutários.

Art. 74. O Decreto nº 2.673, de 16 de julho de 1998, passa a vigorar com as seguintes alterações:

"Art. 2º ....

Parágrafo único. O disposto no **caput** não se aplica aos recursos que vierem a ser transferidos pela União ou depositados por acionistas minoritários a partir de 1º de janeiro de 2017, para fins de aumento do capital de empresa ou de sociedade cujo capital social seja constituído de recursos provenientes exclusivamente do setor público, cujo montante efetivamente investido deverá ser capitalizado até a data limite da aprovação das contas do exercício em que ocorrer a transferência" (NR)

"Art. 3º Observado o limite mínimo referido no art. 1º, o Procurador da Fazenda Nacional, nas assembleias de acionistas das sociedades de economia mista e das demais entidades controladas diretamente pela União, somente se manifestará sobre a proposta de destinação do lucro líquido do exercício quando expressamente autorizado pelo

Ministro de Estado da Fazenda, à vista do pronunciamento da Secretaria do Tesouro Nacional e da Secretaria de Coordenação e Controle das Empresas Estatais, ressalvado quanto à constituição de reservas obrigatórias por lei ou pelo estatuto social" (NR)

Art. 75. O Decreto nº 1.091, de 21 de março de 1994, passa a vigorar com as seguintes alterações:

"Art.

2º ....

Parágrafo único. O disposto no caput não se aplica aos bancos de investimentos, às empresas de participações e às empresas sediadas no exterior"

Art. 76. O Decreto nº 2.594, de 15 de maio de 1998, passa a vigorar com as seguintes alterações:

"Art. 41. Os pagamentos para aquisição de bens e direitos no âmbito do PND serão realizados por meio de moeda corrente.

Parágrafo único. O Presidente da República, por recomendação do CND, poderá autorizar outros meios de pagamento, no âmbito do PND" (NR)

Art. 77. O Anexo I ao Decreto nº 8.818, de 21 de julho de 2016, passa a vigorar as seguintes alterações:

"Art.

40. ....

VI -..

h) custeio de benefício de assistência à saúde;

MURILO JACOBY FERNANDES

i) remuneração dos administradores, liquidantes e Conselheiros e a participação dos dirigentes nos lucros ou nos resultados das empresas;

j) constituição de subsidiária sediada no exterior, inclusive por meio de aquisição ou assunção de controle acionário majoritário; e

k) celebração de acordo de acionistas que contenha cláusulas que permitam, de qualquer forma, a assunção da maioria do capital votante por empresas estatais;

....

XI - acompanhar patrocínio dos planos de benefícios previdenciários das empresas estatais;

XII - instruir o voto da União em assembleia geral sobre a fixação da remuneração dos Diretores das empresas estatais federais, inclusive honorários mensais, benefícios e remuneração variável, observado o disposto no art. 16 da Lei nº 13.303, de 30 de junho de 2016, e as diretrizes da CGPAR; e

XIII - solicitar a elaboração e acompanhar a execução de planos de ação para melhoria da gestão e da eficiência das empresas estatais" (NR)

Art. 78. Ficam revogados:

I - o art. 44 do Decreto nº 2.594, de 15 de maio de 1998;

II - art. 6º do Decreto nº 1.068, de 2 de março de 1994;

III - o Decreto nº 757, de 19 de fevereiro de 1993; e

IV - o parágrafo único do art. 40 do Anexo I ao Decreto nº 8.818, de 21 de julho de 2016.

DECRETO Nº 8.945/2016

Art. 79. Este Decreto entra em vigor na data de sua publicação.

Brasília, 27 de dezembro de 2016; 195º da Independência e 128º da República

MICHEL TEMER

LEI Nº 8.666, DE 21 DE JUNHO DE 1993 (PARCIAL)

Regulamenta o art. 37, inciso XXI, da Constituição Federal, institui normas para licitações e contratos da Administração Pública e dá outras providências.

O PRESIDENTE DA REPÚBLICA Faço saber que o Congresso Nacional decreta e eu sanciono a seguinte Lei:

[...]

CAPÍTULO IV - DAS SANÇÕES ADMINISTRATIVAS E DA TUTELA JUDICIAL

[...]

Seção III - Dos Crimes e das Penas

Art. 89. Dispensar ou inexigir licitação fora das hipóteses previstas em lei, ou deixar de observar as formalidades pertinentes à dispensa ou à inexigibilidade:

Pena - detenção, de 3 (três) a 5 (cinco) anos, e multa.

Parágrafo único. Na mesma pena incorre aquele que, tendo comprovadamente concorrido para a consumação da ilegalidade, beneficiou-se da dispensa ou inexigibilidade ilegal, para celebrar contrato com o Poder Público.

Art. 90. Frustrar ou fraudar, mediante ajuste, combinação ou qualquer outro expediente, o caráter competitivo do procedimento licitatório, com o intuito de obter, para si ou para outrem, vantagem decorrente da adjudicação do objeto da licitação:

Pena - detenção, de 2 (dois) a 4 (quatro) anos, e multa.

Art. 91. Patrocinar, direta ou indiretamente, interesse privado perante a Administração, dando causa à instauração de licitação ou à celebração de contrato, cuja invalidação vier a ser decretada pelo Poder Judiciário:

Pena - detenção, de 6 (seis) meses a 2 (dois) anos, e multa.

Art. 92. Admitir, possibilitar ou dar causa a qualquer modificação ou vantagem, inclusive prorrogação contratual, em favor do adjudicatário, durante a execução dos contratos celebrados com o Poder Público, sem autorização em lei, no ato convocatório da licitação ou nos respectivos instrumentos contratuais, ou, ainda, pagar fatura com preterição da ordem cronológica de sua exigibilidade, observado o disposto no art. 121 desta Lei[2]:

Pena - detenção, de dois a quatro anos, e multa.

Parágrafo único. Incide na mesma pena o contratado que, tendo comprovadamente concorrido para a consumação da ilegalidade, obtém vantagem indevida ou se beneficia, injustamente, das modificações ou prorrogações contratuais.

Art. 93. Impedir, perturbar ou fraudar a realização de qualquer ato de procedimento licitatório:

Pena - detenção, de 6 (seis) meses a 2 (dois) anos, e multa.

Art. 94. Devassar o sigilo de proposta apresentada em procedimento licitatório, ou proporcionar a terceiro o ensejo de devassá-lo:

Pena - detenção, de 2 (dois) a 3 (três) anos, e multa.

---

[2] Caput com redação dada pela Lei nº 8.883/1994.

LEI Nº 8.666/1993

Art. 95. Afastar ou procura afastar licitante, por meio de violência, grave ameaça, fraude ou oferecimento de vantagem de qualquer tipo:

Pena - detenção, de 2 (dois) a 4 (quatro) anos, e multa, além da pena correspondente à violência.

Parágrafo único. Incorre na mesma pena quem se abstém ou desiste de licitar, em razão da vantagem oferecida.

Art. 96. Fraudar, em prejuízo da Fazenda Pública, licitação instaurada para aquisição ou venda de bens ou mercadorias, ou contrato dela decorrente:

I - elevando arbitrariamente os preços;

II - vendendo, como verdadeira ou perfeita, mercadoria falsificada ou deteriorada;

III - entregando uma mercadoria por outra;

IV - alterando substância, qualidade ou quantidade da mercadoria fornecida;

V - tornando, por qualquer modo, injustamente, mais onerosa a proposta ou a execução do contrato:

Pena - detenção, de 3 (três) a 6 (seis) anos, e multa.

Art. 97. Admitir à licitação ou celebrar contrato com empresa ou profissional declarado inidôneo:

Pena - detenção, de 6 (seis) meses a 2 (dois) anos, e multa.

Parágrafo único. Incide na mesma pena aquele que, declarado inidôneo, venha a licitar ou a contratar com a Administração.

Art. 98. Obstar, impedir ou dificultar, injustamente, a inscrição de qualquer interessado nos registros cadastrais ou promover indevidamente a alteração, suspensão ou cancelamento de registro do inscrito:

Pena - detenção, de 6 (seis) meses a 2 (dois) anos, e multa.

Art. 99. A pena de multa cominada nos arts. 89 a 98 desta Lei consiste no pagamento de quantia fixada na sentença e calculada em índices percentuais, cuja base corresponderá ao valor da vantagem efetivamente obtida ou potencialmente auferível pelo agente.

§ 1º Os índices a que se refere este artigo não poderão ser inferiores a 2% (dois por cento), nem superiores a 5% (cinco por cento) do valor do contrato licitado ou celebrado com dispensa ou inexigibilidade de licitação.

§ 2º O produto da arrecadação da multa reverterá, conforme o caso, à Fazenda Federal, Distrital, Estadual ou Municipal.

[...]

ITAMAR FRANCO

LEI Nº 10.520, DE 17 DE JULHO DE 2002

Institui, no âmbito da União, Estados, Distrito Federal e Municípios, nos termos do art. 37, inciso XXI, da Constituição Federal, modalidade de licitação denominada pregão, para aquisição de bens e serviços comuns, e dá outras providências.

O PRESIDENTE DA REPÚBLICA Faço saber que o Congresso Nacional decreta e eu sanciono a seguinte Lei:

Art. 1º Para aquisição de bens e serviços comuns, poderá ser adotada a licitação na modalidade de pregão, que será regida por esta Lei.

Parágrafo único. Consideram-se bens e serviços comuns, para os fins e efeitos deste artigo, aqueles cujos padrões de desempenho e qualidade possam ser objetivamente definidos pelo edital, por meio de especificações usuais no mercado.

Art. 2º (vetado)

§ 1º Poderá ser realizado o pregão por meio da utilização de recursos de tecnologia da informação, nos termos de regulamentação específica.

§ 2º Será facultado, nos termos de regulamentos próprios da União, Estados, Distrito Federal e Municípios, a participação de bolsas de mercadorias no apoio técnico e operacional aos órgãos e entidades promotores da modalidade de pregão, utilizando-se de recursos de tecnologia da informação.

§ 3º As bolsas a que se referem o § 2º deverão estar organizadas sob a forma de sociedades civis sem fins lucrativos e com a participação plural de corretoras que operem sistemas eletrônicos unificados de pregões.

Art. 3º A fase preparatória do pregão observará o seguinte:

I - a autoridade competente justificará a necessidade de contratação e definirá o objeto do certame, as exigências de habilitação, os critérios de aceitação das propostas, as sanções por inadimplemento e as cláusulas do contrato, inclusive com fixação dos prazos para fornecimento;

II - a definição do objeto deverá ser precisa, suficiente e clara, vedadas especificações que, por excessivas, irrelevantes ou desnecessárias, limitem a competição;

III - dos autos do procedimento constarão a justificativa das definições referidas no inciso I deste artigo e os indispensáveis elementos técnicos sobre os quais estiverem apoiados, bem como o orçamento, elaborado pelo órgão ou entidade promotora da licitação, dos bens ou serviços a serem licitados; e

IV - a autoridade competente designará, dentre os servidores do órgão ou entidade promotora da licitação, o pregoeiro e respectiva equipe de apoio, cuja atribuição inclui, dentre outras, o recebimento das propostas e lances, a análise de sua aceitabilidade e sua classificação, bem como a habilitação e a adjudicação do objeto do certame ao licitante vencedor.

§ 1º A equipe de apoio deverá ser integrada em sua maioria por servidores ocupantes de cargo efetivo ou emprego da administração, preferencialmente pertencentes ao quadro permanente do órgão ou entidade promotora do evento.

§ 2º No âmbito do Ministério da Defesa, as funções de pregoeiro e de membro da equipe de apoio poderão ser desempenhadas por militares.

LEI Nº 10.520/2002

Art. 4º A fase externa do pregão será iniciada com a convocação dos interessados e observará as seguintes regras:

I - a convocação dos interessados será efetuada por meio de publicação de aviso em diário oficial do respectivo ente federado ou, não existindo, em jornal de circulação local, e facultativamente, por meios eletrônicos e conforme o vulto da licitação, em jornal de grande circulação, nos termos do regulamento de que trata o art. 2º;

II - do aviso constarão a definição do objeto da licitação, a indicação do local, dias e horários em que poderá ser lida ou obtida a íntegra do edital;

III - do edital constarão todos os elementos definidos na forma do inciso I do art. 3º, as normas que disciplinarem o procedimento e a minuta do contrato, quando for o caso;

IV - cópias do edital e do respectivo aviso serão colocadas à disposição de qualquer pessoa para consulta e divulgadas na forma da Lei nº 9.755, de 16 de dezembro de 1998;

V - o prazo fixado para a apresentação das propostas, contado a partir da publicação do aviso, não será inferior a 8 (oito) dias úteis;

VI - no dia, hora e local designados, será realizada sessão pública para recebimento das propostas, devendo o interessado, ou seu representante, identificar-se e, se for o caso, comprovar a existência dos necessários poderes para formulação de propostas e para a prática de todos os demais atos inerentes ao certame;

VII - aberta a sessão, os interessados ou seus representantes, apresentarão declaração dando ciência de que cumprem plenamente os requisitos de habilitação e entregarão os envelopes contendo a indicação do objeto e do preço oferecidos, procedendo-se à sua imediata abertura e à verificação da conformidade das propostas com os requisitos estabelecidos no instrumento convocatório;

VIII - no curso da sessão, o autor da oferta de valor mais baixo e os das ofertas com preços até 10% (dez por cento) superiores àquela poderão fazer novos lances verbais e sucessivos, até a proclamação do vencedor;[3]

IX - não havendo pelo menos 3 (três) ofertas nas condições definidas no inciso anterior, poderão os autores das melhores propostas, até o máximo de 3 (três), oferecer novos lances verbais e sucessivos, quaisquer que sejam os preços oferecidos;

X - para julgamento e classificação das propostas, será adotado o critério de menor preço, observados os prazos máximos para fornecimento, as especificações técnicas e parâmetros mínimos de desempenho e qualidade definidos no edital;

XI - examinada a proposta classificada em primeiro lugar, quanto ao objeto e valor, caberá ao pregoeiro decidir motivadamente a respeito da sua aceitabilidade;[4]

XII - encerrada a etapa competitiva e ordenadas as ofertas, o pregoeiro procederá à abertura do invólucro contendo os documentos de habilitação do licitante que apresentou a melhor proposta, para verificação do atendimento das condições fixadas no edital;

XIII - a habilitação far-se-á com a verificação de que o licitante está em situação regular perante a Fazenda Nacional, a Seguridade Social e o Fundo de Garantia do Tempo de Serviço - FGTS, e as

---

[3] Consulte a Lei Complementar nº 123/2006.

[4] Consulte a Lei Complementar nº 123/2006.

LEI Nº 10.520/2002

Fazendas Estaduais e Municipais, quando for o caso, com a comprovação de que atende às exigências do edital quanto à habilitação jurídica e qualificações técnica e econômico-financeira;

XIV - os licitantes poderão deixar de apresentar os documentos de habilitação que já constem do Sistema de Cadastramento Unificado de Fornecedores - Sicaf e sistemas semelhantes mantidos por Estados, Distrito Federal ou Municípios, assegurado aos demais licitantes o direito de acesso aos dados nele constantes;

XV - verificado o atendimento das exigências fixadas no edital, o licitante será declarado vencedor;

XVI - se a oferta não for aceitável ou se o licitante desatender às exigências habilitatórias, o pregoeiro examinará as ofertas subseqüentes e a qualificação dos licitantes, na ordem de classificação, e assim sucessivamente, até a apuração de uma que atenda ao edital, sendo o respectivo licitante declarado vencedor;

XVII - nas situações previstas nos incisos XI e XVI, o pregoeiro poderá negociar diretamente com o proponente para que seja obtido preço melhor;

XVIII - declarado o vencedor, qualquer licitante poderá manifestar imediata e motivadamente a intenção de recorrer, quando lhe será concedido o prazo de 3 (três) dias para apresentação das razões do recurso, ficando os demais licitantes desde logo intimados para apresentar contra-razões em igual número de dias, que começarão a correr do término do prazo do recorrente, sendo-lhes assegurada vista imediata dos autos;

XIX - o acolhimento de recurso importará a invalidação apenas dos atos insuscetíveis de aproveitamento;

XX - a falta de manifestação imediata e motivada do licitante importará a decadência do direito de recurso e a adjudicação do objeto da licitação pelo pregoeiro ao vencedor;

XXI - decididos os recursos, a autoridade competente fará a adjudicação do objeto da licitação ao licitante vencedor;

XXII - homologada a licitação pela autoridade competente, o adjudicatário será convocado para assinar o contrato no prazo definido em edital; e

XXIII - se o licitante vencedor, convocado dentro do prazo de validade da sua proposta, não celebrar o contrato, aplicar-se-á o disposto no inciso XVI.

Art. 5º É vedada a exigência de:

I - garantia de proposta;

II - aquisição do edital pelos licitantes, como condição para participação no certame; e

III - pagamento de taxas e emolumentos, salvo os referentes a fornecimento do edital, que não serão superiores ao custo de sua reprodução gráfica, e aos custos de utilização de recursos de tecnologia da informação, quando for o caso.

Art. 6º O prazo de validade das propostas será de 60 (sessenta) dias, se outro não estiver fixado no edital.

Art. 7º Quem, convocado dentro do prazo de validade da sua proposta, não celebrar o contrato, deixar de entregar ou apresentar documentação falsa exigida para o certame, ensejar o retardamento da execução de seu objeto, não mantiver a proposta, falhar ou fraudar na execução do contrato, comportar-se de modo inidôneo ou cometer fraude fiscal, ficará impedido de licitar e contratar com a União, Estados, Distrito Federal ou Municípios e, será descredenciado no Sicaf, ou nos sistemas de cadastramento de fornecedores a que se refere o inciso XIV do art. 4º desta Lei, pelo prazo de até 5 (cinco) anos, sem prejuízo das multas previstas em edital e no contrato e das demais cominações legais.

Art. 8º Os atos essenciais do pregão, inclusive os decorrentes de meios eletrônicos, serão documentados no processo respectivo, com vistas à aferição de sua regularidade pelos agentes de controle, nos termos do regulamento previsto no art. 2º.

Art. 9º Aplicam-se subsidiariamente, para a modalidade de pregão, as normas da Lei nº 8.666, de 21 de junho de 1993.

Art. 10. Ficam convalidados os atos praticados com base na Medida Provisória nº 2.182-18, de 23 de agosto de 2001.

Art. 11. As compras e contratações de bens e serviços comuns, no âmbito da União, dos Estados, do Distrito Federal e dos Municípios, quando efetuadas pelo sistema de registro de preços previsto no art. 15 da Lei nº 8.666, de 21 de junho de 1993, poderão adotar a modalidade de pregão, conforme regulamento específico.

Art. 12. A Lei nº 10.191, de 14 de fevereiro de 2001, passa a vigorar acrescida do seguinte artigo:

> "Art. 2-A. A União, os Estados, o Distrito Federal e os Municípios poderão adotar, nas licitações de registro de preços destinadas à aquisição de bens e serviços comuns da área da saúde, a modalidade do pregão, inclusive por meio eletrônico, observando-se o seguinte:
>
> I - são considerados bens e serviços comuns da área da saúde, aqueles necessários ao atendimento dos órgãos que integram o Sistema Único de Saúde, cujos padrões de desempenho e qualidade possam

ser objetivamente definidos no edital, por meio de especificações usuais do mercado.

II - quando o quantitativo total estimado para a contratação ou fornecimento não puder ser atendido pelo licitante vencedor, admitir-se-á a convocação de tantos licitantes quantos forem necessários para o atingimento da totalidade do quantitativo, respeitada a ordem de classificação, desde que os referidos licitantes aceitem praticar o mesmo preço da proposta vencedora.

III - na impossibilidade do atendimento ao disposto no inciso II, excepcionalmente, poderão ser registrados outros preços diferentes da proposta vencedora, desde que se trate de objetos de qualidade ou desempenho superior, devidamente justificada e comprovada a vantagem, e que as ofertas sejam em valor inferior ao limite máximo admitido."

Art. 13. Esta Lei entra em vigor na data de sua publicação.

Brasília, 17 de julho de 2002; 181º da Independência e 114º da República.

FERNANDO HENRIQUE CARDOSO

Decreto Nº 3.555, de 08 de agosto de 2000

Aprova o Regulamento para a modalidade de licitação denominada pregão, para aquisição de bens e serviços comuns.

O PRESIDENTE DA REPÚBLICA, no uso das atribuições que lhe confere o art. 84, incisos IV e VI, da Constituição e tendo em vista o disposto na Medida Provisória nº 2.026-3, de 28 de julho de 2000,

Decreta:

Art. 1º Fica aprovado, na forma dos Anexos I e II a este Decreto, o Regulamento para a modalidade de licitação denominada pregão, para a aquisição de bens e serviços comuns, no âmbito da União.

Parágrafo único. Subordinam-se ao regime deste Decreto, além dos órgãos da Administração Federal direta, os fundos especiais, as autarquias, as fundações, as empresas públicas, as sociedades de economia mista e as demais entidades controladas direta ou indiretamente pela União.

Art. 2º Compete ao Ministério do Planejamento, Orçamento e Gestão estabelecer normas e orientações complementares sobre a matéria regulada por este Decreto.

Art. 3º Este Decreto entra em vigor na data de sua publicação.

Brasília, 8 de agosto de 2000; 179º da Independência e 112º da República.

FERNANDO HENRIQUE CARDOSO

Anexo I

Regulamento da Licitação na Modalidade de Pregão

Art. 1º Este Regulamento estabelece normas e procedimentos relativos à licitação na modalidade de pregão, destinada à aquisição de bens e serviços comuns, no âmbito da União, qualquer que seja o valor estimado.

Parágrafo único. Subordinam-se ao regime deste Regulamento, além dos órgãos da administração direta, os fundos especiais, as autarquias, as fundações, as empresas públicas, as sociedades de economia mista e as entidades controladas direta e indiretamente pela União.

Art. 2º Pregão é a modalidade de licitação em que a disputa pelo fornecimento de bens ou serviços comuns é feita em sessão pública, por meio de propostas de preços escritas e lances verbais.

Art. 3º Os contratos celebrados pela União, para a aquisição de bens e serviços comuns, serão precedidos, prioritariamente, de licitação pública na modalidade de pregão, que se destina a garantir, por meio de disputa justa entre os interessados, a compra mais econômica, segura e eficiente.

§ 1º Dependerá de regulamentação específica a utilização de recursos eletrônicos ou de tecnologia da informação para a realização de licitação na modalidade de pregão.

§ 2º Consideram-se bens e serviços comuns aqueles cujos padrões de desempenho e qualidade possam ser objetivamente

DECRETO Nº 3.555/2000

definidos no edital, por meio de especificações usuais praticadas no mercado.[5]

§ 3º Os bens e serviços de informática e automação adquiridos nesta modalidade deverão observar o disposto no art. 3º da Lei nº 8.248, de 23 de outubro de 1991, e a regulamentação específica.[6]

§ 4º Para efeito de comprovação do requisito referido no parágrafo anterior, o produto deverá estar habilitado a usufruir do incentivo de isenção do Imposto sobre Produtos Industrializados - IPI, de que trata o art. 4º da Lei nº 8.248, de 1991, nos termos da regulamentação estabelecida pelo Ministério da Ciência e Tecnologia.[7]

§ 5º Alternativamente ao disposto no § 4º, o Ministério da Ciência e Tecnologia poderá reconhecer, mediante requerimento do fabricante, a conformidade do produto com o requisito referido no § 3º.

Art. 4º A licitação na modalidade de pregão é juridicamente condicionada aos princípios básicos da legalidade, da impessoalidade, da moralidade, da igualdade, da publicidade, da probidade administrativa, da vinculação ao instrumento convocatório, do julgamento objetivo, bem assim aos princípios correlatos da celeridade, finalidade, razoabilidade, proporcionalidade, competitividade, justo preço, seletividade e comparação objetiva das propostas.

---

[5] Redação dada pelo Decreto nº 7.174, de 2010.

[6] Redação dada pelo Decreto nº 7.174, de 2010. Ver Acórdão nº 2.138/2005 - TCU – Plenário.

[7] §§ 4º e 5º incluídos pelo Decreto nº 3.693/2000.

Parágrafo único. As normas disciplinadoras da licitação serão sempre interpretadas em favor da ampliação da disputa entre os interessados, desde que não comprometam o interesse da Administração, a finalidade e a segurança da contratação.

Art. 5º A licitação na modalidade de pregão não se aplica às contratações de obras e serviços de engenharia, bem como às locações imobiliárias e alienações em geral, que serão regidas pela legislação geral da Administração.

Art. 6º Todos quantos participem de licitação na modalidade de pregão têm direito público subjetivo à fiel observância do procedimento estabelecido neste Regulamento, podendo qualquer interessado acompanhar o seu desenvolvimento, desde que não interfira de modo a perturbar ou impedir a realização dos trabalhos.

Art. 7º À autoridade competente, designada de acordo com as atribuições previstas no regimento ou estatuto do órgão ou da entidade, cabe:

I - determinar a abertura de licitação;

II - designar o pregoeiro e os componentes da equipe de apoio;

III - decidir os recursos contra atos do pregoeiro; e

IV - homologar o resultado da licitação e promover a celebração do contrato.

Parágrafo único. Somente poderá atuar como pregoeiro o servidor que tenha realizado capacitação específica para exercer a atribuição.

Art. 8º A fase preparatória do pregão observará as seguintes regras:

I - a definição do objeto deverá ser precisa, suficiente e clara, vedadas especificações que, por excessivas, irrelevantes ou

DECRETO Nº 3.555/2000

desnecessárias, limitem ou frustrem a competição ou a realização do fornecimento, devendo estar refletida no termo de referência;

II - o termo de referência é o documento que deverá conter elementos capazes de propiciar a avaliação do custo pela Administração, diante de orçamento detalhado, considerando os preços praticados no mercado, a definição dos métodos, a estratégia de suprimento e o prazo de execução do contrato;

III - a autoridade competente ou, por delegação de competência, o ordenador de despesa ou, ainda, o agente encarregado da compra no âmbito da Administração, deverá:

a) definir o objeto do certame e o seu valor estimado em planilhas, de forma clara, concisa e objetiva, de acordo com termo de referência elaborado pelo requisitante, em conjunto com a área de compras, obedecidas as especificações praticadas no mercado;

b) justificar a necessidade da aquisição;

c) estabelecer os critérios de aceitação das propostas, as exigências de habilitação, as sanções administrativas aplicáveis por inadimplemento e as cláusulas do contrato, inclusive com fixação dos prazos e das demais condições essenciais para o fornecimento; e

d) designar, dentre os servidores do órgão ou da entidade promotora da licitação, o pregoeiro responsável pelos trabalhos do pregão e a sua equipe de apoio;

IV - constarão dos autos a motivação de cada um dos atos especificados no inciso anterior e os indispensáveis elementos técnicos sobre os quais estiverem apoiados, bem como o orçamento estimativo e o cronograma físico-financeiro de desembolso, se for o caso, elaborados pela Administração; e

V - para julgamento, será adotado o critério de menor preço, observados os prazos máximos para fornecimento, as especificações

MURILO JACOBY FERNANDES

técnicas e os parâmetros mínimos de desempenho e de qualidade e as demais condições definidas no edital.

Art. 9º As atribuições do pregoeiro incluem:

I - o credenciamento dos interessados;

II - o recebimento dos envelopes das propostas de preços e da documentação de habilitação;

III - a abertura dos envelopes das propostas de preços, o seu exame e a classificação dos proponentes;

IV - a condução dos procedimentos relativos aos lances e à escolha da proposta ou do lance de menor preço;

V - a adjudicação da proposta de menor preço;

VI - a elaboração de ata;

VII - a condução dos trabalhos da equipe de apoio;

VIII - o recebimento, o exame e a decisão sobre recursos; e

IX - o encaminhamento do processo devidamente instruído, após a adjudicação, à autoridade superior, visando a homologação e a contratação.

Art. 10. A equipe de apoio deverá ser integrada em sua maioria por servidores ocupantes de cargo efetivo ou emprego da Administração, preferencialmente pertencentes ao quadro permanente do órgão ou da entidade promotora do pregão, para prestar a necessária assistência ao pregoeiro.

Parágrafo único. No âmbito do Ministério da Defesa, as funções de pregoeiro e de membro da equipe de apoio poderão ser desempenhadas por militares.

Art. 11. A fase externa do pregão será iniciada com a convocação dos interessados e observará as seguintes regras:

I - a convocação dos interessados será efetuada por meio de publicação de aviso em função dos seguintes limites:

a) para bens e serviços de valores estimados em até R$ 160.000,00 (cento e sessenta mil reais):

1. Diário Oficial da União;

2. meio eletrônico, na Internet:

b) para bens e serviços de valores estimados acima de R$ 160.000,00 (cento e sessenta mil reais) até R$ 650.000,00 (seiscentos e cinqüenta mil reais):[8]

1. Diário Oficial da União;

2. meio eletrônico, na Internet; e

3. jornal de grande circulação local;

c) para bens e serviços de valores estimados superiores a R$ 650.000,00 (seiscentos e cinqüenta mil reais):

1. Diário Oficial da União;

2. meio eletrônico, na Internet; e

3. jornal de grande circulação regional ou nacional;

d) em se tratando de órgão ou entidade integrante do Sistema de Serviços Gerais - SISG, a íntegra do edital deverá estar disponível em meio eletrônico, na Internet, no site www.comprasnet.gov.br, independentemente do valor estimado;

II - do edital e do aviso constarão definição precisa, suficiente e clara do objeto, bem como a indicação dos locais, dias e horários em que poderá ser lida ou obtida a íntegra do edital, e o local onde será realizada a sessão pública do pregão;

III - o edital fixará prazo não inferior a oito dias úteis, contados da publicação do aviso, para os interessados prepararem suas propostas;

---

[8] Alíneas *b, c* e *d* com redação dada pelo Decreto n° 3.693/2000.

MURILO JACOBY FERNANDES

IV - no dia, hora e local designados no edital, será realizada sessão pública para recebimento das propostas e da documentação de habilitação, devendo o interessado ou seu representante legal proceder ao respectivo credenciamento, comprovando, se for o caso, possuir os necessários poderes para formulação de propostas e para a prática de todos os demais atos inerentes ao certame;

V - aberta a sessão, os interessados ou seus representantes legais entregarão ao pregoeiro, em envelopes separados, a proposta de preços e a documentação de habilitação;

VI - o pregoeiro procederá à abertura dos envelopes contendo as propostas de preços e classificará o autor da proposta de menor preço e aqueles que tenham apresentado propostas em valores sucessivos e superiores em até dez por cento, relativamente à de menor preço;

VII - quando não forem verificadas, no mínimo, três propostas escritas de preços nas condições definidas no inciso anterior, o pregoeiro classificará as melhores propostas subseqüentes, até o máximo de três, para que seus autores participem dos lances verbais, quaisquer que sejam os preços oferecidos nas propostas escritas;

VIII - em seguida, será dado início à etapa de apresentação de lances verbais pelos proponentes, que deverão ser formulados de forma sucessiva, em valores distintos e decrescentes;

IX - o pregoeiro convidará individualmente os licitantes classificados, de forma seqüencial, a apresentar lances verbais, a partir do autor da proposta classificada de maior preço e os demais, em ordem decrescente de valor;

X - a desistência em apresentar lance verbal, quando convocado pelo pregoeiro, implicará a exclusão do licitante da etapa de lances

158

verbais e na manutenção do último preço apresentado pelo licitante, para efeito de ordenação das propostas;[9]

XI - caso não se realizem lances verbais, será verificada a conformidade entre a proposta escrita de menor preço e o valor estimado para a contratação;

XII - declarada encerrada a etapa competitiva e ordenadas as propostas, o pregoeiro examinará a aceitabilidade da primeira classificada, quanto ao objeto e valor, decidindo motivadamente a respeito;

XIII - sendo aceitável a proposta de menor preço, será aberto o envelope contendo a documentação de habilitação do licitante que a tiver formulado, para confirmação das suas condições habilitatórias, com base no Sistema de Cadastramento Unificado de Fornecedores - SICAF, ou nos dados cadastrais da Administração, assegurado ao já cadastrado o direito de apresentar a documentação atualizada e regularizada na própria sessão;

XIV - constatado o atendimento das exigências fixadas no edital, o licitante será declarado vencedor, sendo-lhe adjudicado o objeto do certame;

XV - se a oferta não for aceitável ou se o licitante desatender às exigências habilitatórias, o pregoeiro examinará a oferta subseqüente, verificando a sua aceitabilidade e procedendo à habilitação do proponente, na ordem de classificação, e assim sucessivamente, até a apuração de uma proposta que atenda ao edital, sendo o respectivo licitante declarado vencedor e a ele adjudicado o objeto do certame;

---

[9] Redação dada pelo Decreto nº 3.693/2000.

MURILO JACOBY FERNANDES

XVI - nas situações previstas nos incisos XI, XII e XV, o pregoeiro poderá negociar diretamente com o proponente para que seja obtido preço melhor;

XVII - a manifestação da intenção de interpor recurso será feita no final da sessão, com registro em ata da síntese das suas razões, podendo os interessados juntar memoriais no prazo de três dias úteis;

XVIII - o recurso contra decisão do pregoeiro não terá efeito suspensivo;

XIX - o acolhimento de recurso importará a invalidação apenas dos atos insuscetíveis de aproveitamento;

XX - decididos os recursos e constatada a regularidade dos atos procedimentais, a autoridade competente homologará a adjudicação para determinar a contratação;

XXI - como condição para celebração do contrato, o licitante vencedor deverá manter as mesmas condições de habilitação;

XXII - quando o proponente vencedor não apresentar situação regular, no ato da assinatura do contrato, será convocado outro licitante, observada a ordem de classificação, para celebrar o contrato, e assim sucessivamente, sem prejuízo da aplicação das sanções cabíveis, observado o disposto nos incisos XV e XVI deste artigo;

XXIII - se o licitante vencedor recusar-se a assinar o contrato, injustificadamente, será aplicada a regra estabelecida no inciso XXII;[10]

---

[10] Redação dada pelo Decreto nº 3.693/2000.

DECRETO Nº 3.555/2000

XXIV - o prazo de validade das propostas será de sessenta dias, se outro não estiver fixado no edital.

Art. 12. Até dois dias úteis antes da data fixada para recebimento das propostas, qualquer pessoa poderá solicitar esclarecimentos, providências ou impugnar o ato convocatório do pregão.

§ 1º Caberá ao pregoeiro decidir sobre a petição no prazo de vinte e quatro horas.

§ 2º Acolhida a petição contra o ato convocatório, será designada nova data para a realização do certame.

Art. 13. Para habilitação dos licitantes, será exigida, exclusivamente, a documentação prevista na legislação geral para a Administração, relativa à:

I - habilitação jurídica;

II - qualificação técnica;

III - qualificação econômico-financeira;

IV - regularidade fiscal; e

V - cumprimento do disposto no inciso XXXIII do art. 7º da Constituição e na Lei nº 9.854, de 27 de outubro de 1999.

Parágrafo único. A documentação exigida para atender ao disposto nos incisos I, III e IV deste artigo deverá ser substituída pelo registro cadastral do SICAF ou, em se tratando de órgão ou entidade não abrangido pelo referido Sistema, por certificado de registro cadastral que atenda aos requisitos previstos na legislação geral.

Art. 14. O licitante que ensejar o retardamento da execução do certame, não mantiver a proposta, falhar ou fraudar na execução do contrato, comportar-se de modo inidôneo, fizer declaração falsa ou cometer fraude fiscal, garantido o direito prévio da citação e da ampla defesa, ficará impedido de licitar e contratar com a Administração, pelo prazo de até cinco anos, enquanto perdurarem os motivos determinantes da punição ou até que seja promovida a reabilitação perante a própria autoridade que aplicou a penalidade.

Parágrafo único. As penalidades serão obrigatoriamente registradas no SICAF, e no caso de suspensão de licitar, o licitante deverá ser descredenciado por igual período, sem prejuízo das multas previstas no edital e no contrato e das demais cominações legais.

Art. 15. É vedada a exigência de:

I - garantia de proposta;

II - aquisição do edital pelos licitantes, como condição para participação no certame; e

III - pagamento de taxas e emolumentos, salvo os referentes a fornecimento do edital, que não serão superiores ao custo de sua reprodução gráfica, e aos custos de utilização de recursos de tecnologia da informação, quando for o caso.

Art. 16. Quando permitida a participação de empresas estrangeiras na licitação, as exigências de habilitação serão atendidas mediante documentos equivalentes, autenticados pelos respectivos consulados e traduzidos por tradutor juramentado.

Parágrafo único. O licitante deverá ter procurador residente e domiciliado no País, com poderes para receber citação, intimação e responder administrativa e judicialmente por seus atos, juntando os instrumentos de mandato com os documentos de habilitação.

Art. 17. Quando permitida a participação de empresas reunidas em consórcio, serão observadas as seguintes normas:

I - deverá ser comprovada a existência de compromisso público ou particular de constituição de consórcio, com indicação da

DECRETO Nº 3.555/2000

empresa-líder, que deverá atender às condições de liderança estipuladas no edital e será a representante das consorciadas perante a União;

II - cada empresa consorciada deverá apresentar a documentação de habilitação exigida no ato convocatório;

III - a capacidade técnica do consórcio será representada pela soma da capacidade técnica das empresas consorciadas;

IV - para fins de qualificação econômico-financeira, cada uma das empresas deverá atender aos índices contábeis definidos no edital, nas mesmas condições estipuladas no SICAF;

V - as empresas consorciadas não poderão participar, na mesma licitação, de mais de um consórcio ou isoladamente;

VI - as empresas consorciadas serão solidariamente responsáveis pelas obrigações do consórcio nas fases de licitação e durante a vigência do contrato; e

VII - no consórcio de empresas brasileiras e estrangeiras, a liderança caberá, obrigatoriamente, à empresa brasileira, observado o disposto no inciso I deste artigo.

Parágrafo único. Antes da celebração do contrato, deverá ser promovida a constituição e o registro do consórcio, nos termos do compromisso referido no inciso I deste artigo.

Art. 18. A autoridade competente para determinar a contratação poderá revogar a licitação em face de razões de interesse público, derivadas de fato superveniente devidamente comprovado, pertinente e suficiente para justificar tal conduta, devendo anulá-la por ilegalidade, de ofício ou por provocação de qualquer pessoa, mediante ato escrito e fundamentado.

§ 1º A anulação do procedimento licitatório induz à do contrato.

MURILO JACOBY FERNANDES

§ 2º Os licitantes não terão direito à indenização em decorrência da anulação do procedimento licitatório, ressalvado o direito do contratado de boa-fé de ser ressarcido pelos encargos que tiver suportado no cumprimento do contrato.

Art. 19. Nenhum contrato será celebrado sem a efetiva disponibilidade de recursos orçamentários para pagamento dos encargos, dele decorrentes, no exercício financeiro em curso.

Art. 20. A União publicará, no Diário Oficial da União, o extrato dos contratos celebrados, no prazo de até vinte dias da data de sua assinatura, com indicação da modalidade de licitação e de seu número de referência.

Parágrafo único. O descumprimento do disposto neste artigo sujeitará o servidor responsável a sanção administrativa.

Art. 21. Os atos essenciais do pregão, inclusive os decorrentes de meios eletrônicos, serão documentados ou juntados no respectivo processo, cada qual oportunamente, compreendendo, sem prejuízo de outros, o seguinte:

I - justificativa da contratação;

II - termo de referência, contendo descrição detalhada do objeto, orçamento estimativo de custos e cronograma físico-financeiro de desembolso, se for o caso;

III - planilhas de custo;

IV - garantia de reserva orçamentária, com a indicação das respectivas rubricas;

V - autorização de abertura da licitação;

VI - designação do pregoeiro e equipe de apoio;

VII - parecer jurídico;

VIII - edital e respectivos anexos, quando for o caso;

DECRETO Nº 3.555/2000

IX - minuta do termo do contrato ou instrumento equivalente, conforme o caso;

X - originais das propostas escritas, da documentação de habilitação analisada e dos documentos que a instruírem;

XI - ata da sessão do pregão, contendo, sem prejuízo de outros, o registro dos licitantes credenciados, das propostas escritas e verbais apresentadas, na ordem de classificação, da análise da documentação exigida para habilitação e dos recursos interpostos; e

XII - comprovantes da publicação do aviso do edital, do resultado da licitação, do extrato do contrato e dos demais atos relativos a publicidade do certame, conforme o caso.

Art. 22. Os casos omissos neste Regulamento serão resolvidos pelo Ministério do Planejamento, Orçamento e Gestão.

ANEXO II - (REVOGADO PELO DECRETO Nº 7.174, DE 2010)

DECRETO Nº 5.450, DE 31 DE MAIO DE 2005

Regulamenta o pregão, na forma eletrônica, para aquisição de bens e serviços comuns, e dá outras providências.

O PRESIDENTE DA REPÚBLICA, no uso da atribuição que lhe confere o art. 84, inciso IV, da Constituição, e tendo em vista o disposto na Lei nº 10.520, de 17 de julho de 2002,

Decreta:

Art. 1º A modalidade de licitação pregão, na forma eletrônica, de acordo com o disposto no § 1º do art. 2º da Lei nº 10.520, de 17 de julho de 2002, destina-se à aquisição de bens e serviços comuns, no âmbito da União, e submete-se ao regulamento estabelecido neste Decreto.

Parágrafo único. Subordinam-se ao disposto neste Decreto, além dos órgãos da administração pública federal direta, os fundos especiais, as autarquias, as fundações públicas, as empresas públicas, as sociedades de economia mista e as demais entidades controladas direta ou indiretamente pela União.

Art. 2º O pregão, na forma eletrônica, como modalidade de licitação do tipo menor preço, realizar-se-á quando a disputa pelo fornecimento de bens ou serviços comuns for feita à distância em sessão pública, por meio de sistema que promova a comunicação pela internet.

§ 1º Consideram-se bens e serviços comuns, aqueles cujos padrões de desempenho e qualidade possam ser objetivamente definidos pelo edital, por meio de especificações usuais do mercado.

MURILO JACOBY FERNANDES

§ 2º Para o julgamento das propostas, serão fixados critérios objetivos que permitam aferir o menor preço, devendo ser considerados os prazos para a execução do contrato e do fornecimento, as especificações técnicas, os parâmetros mínimos de desempenho e de qualidade e as demais condições definidas no edital.

§ 3º O sistema referido no *caput* será dotado de recursos de criptografia e de autenticação que garantam condições de segurança em todas as etapas do certame.

§ 4º O pregão, na forma eletrônica, será conduzido pelo órgão ou entidade promotora da licitação, com apoio técnico e operacional da Secretaria de Logística e Tecnologia da Informação do Ministério do Planejamento, Orçamento e Gestão, que atuará como provedor do sistema eletrônico para os órgãos integrantes do Sistema de Serviços Gerais - SISG.

§ 5º A Secretaria de Logística e Tecnologia da Informação poderá ceder o uso do seu sistema eletrônico a órgão ou entidade dos Poderes da União, Estados, Distrito Federal e Municípios, mediante celebração de termo de adesão.

Art. 3º Deverão ser previamente credenciados perante o provedor do sistema eletrônico, a autoridade competente do órgão promotor da licitação, o pregoeiro, os membros da equipe de apoio e os licitantes que participam do pregão na forma eletrônica.

§ 1º O credenciamento dar-se-á pela atribuição de chave de identificação e de senha, pessoal e intransferível, para acesso ao sistema eletrônico.

§ 2º No caso de pregão promovido por órgão integrante do SISG, o credenciamento do licitante, bem assim a sua manutenção,

Decreto nº 5.450/2005

dependerá de registro atualizado no Sistema de Cadastramento Unificado de Fornecedores - SICAF.

§ 3º A chave de identificação e a senha poderão ser utilizadas em qualquer pregão na forma eletrônica, salvo quando cancelada por solicitação do credenciado ou em virtude de seu descadastramento perante o SICAF.

§ 4º A perda da senha ou a quebra de sigilo deverá ser comunicada imediatamente ao provedor do sistema, para imediato bloqueio de acesso.

§ 5º O uso da senha de acesso pelo licitante é de sua responsabilidade exclusiva, incluindo qualquer transação efetuada diretamente ou por seu representante, não cabendo ao provedor do sistema ou ao órgão promotor da licitação responsabilidade por eventuais danos decorrentes de uso indevido da senha, ainda que por terceiros.

§ 6º O credenciamento junto ao provedor do sistema implica a responsabilidade legal do licitante e a presunção de sua capacidade técnica para realização das transações inerentes ao pregão na forma eletrônica.

Art. 4º Nas licitações para aquisição de bens e serviços comuns será obrigatória a modalidade pregão, sendo preferencial a utilização da sua forma eletrônica.

§ 1º O pregão deve ser utilizado na forma eletrônica, salvo nos casos de comprovada inviabilidade, a ser justificada pela autoridade competente.

§ 2º Na hipótese de aquisições por dispensa de licitação, fundamentadas no inciso II do art. 24 da Lei nº 8.666, de 21 de junho de 1993, as unidades gestoras integrantes do SISG deverão adotar, preferencialmente, o sistema de cotação eletrônica, conforme disposto na legislação vigente.

Art. 5º A licitação na modalidade de pregão é condicionada aos princípios básicos da legalidade, impessoalidade, moralidade, igualdade, publicidade, eficiência, probidade administrativa, vinculação ao instrumento convocatório e do julgamento objetivo, bem como aos princípios correlatos da razoabilidade, competitividade e proporcionalidade.

Parágrafo único. As normas disciplinadoras da licitação serão sempre interpretadas em favor da ampliação da disputa entre os interessados, desde que não comprometam o interesse da administração, o princípio da isonomia, a finalidade e a segurança da contratação.

Art. 6º A licitação na modalidade de pregão, na forma eletrônica, não se aplica às contratações de obras de engenharia, bem como às locações imobiliárias e alienações em geral.

Art. 7º Os participantes de licitação na modalidade de pregão, na forma eletrônica, têm direito público subjetivo à fiel observância do procedimento estabelecido neste Decreto, podendo qualquer interessado acompanhar o seu desenvolvimento em tempo real, por meio da internet.

Art. 8º À autoridade competente, de acordo com as atribuições previstas no regimento ou estatuto do órgão ou da entidade, cabe:

I - designar e solicitar, junto ao provedor do sistema, o credenciamento do pregoeiro e dos componentes da equipe de apoio;

II - indicar o provedor do sistema;

III - determinar a abertura do processo licitatório;

Decreto nº 5.450/2005

IV - decidir os recursos contra atos do pregoeiro quando este mantiver sua decisão;

V - adjudicar o objeto da licitação, quando houver recurso;

VI - homologar o resultado da licitação; e

VII - celebrar o contrato.

Art. 9º Na fase preparatória do pregão, na forma eletrônica, será observado o seguinte:

I - elaboração de termo de referência pelo órgão requisitante, com indicação do objeto de forma precisa, suficiente e clara, vedadas especificações que, por excessivas, irrelevantes ou desnecessárias, limitem ou frustrem a competição ou sua realização;

II - aprovação do termo de referência pela autoridade competente;

III - apresentação de justificativa da necessidade da contratação;

IV - elaboração do edital, estabelecendo critérios de aceitação das propostas;

V - definição das exigências de habilitação, das sanções aplicáveis, inclusive no que se refere aos prazos e às condições que, pelas suas particularidades, sejam consideradas relevantes para a celebração e execução do contrato e o atendimento das necessidades da administração; e

VI - designação do pregoeiro e de sua equipe de apoio.

§ 1º A autoridade competente motivará os atos especificados nos incisos II e III, indicando os elementos técnicos fundamentais que o apóiam, bem como quanto aos elementos contidos no orçamento estimativo e no cronograma físico-financeiro de desembolso, se for o caso, elaborados pela administração.

§ 2º O termo de referência é o documento que deverá conter elementos capazes de propiciar avaliação do custo pela administração diante de orçamento detalhado, definição dos métodos, estratégia de suprimento, valor estimado em planilhas de acordo com o preço de mercado, cronograma físico-financeiro, se for o caso, critério de aceitação do objeto, deveres do contratado e do contratante, procedimentos de fiscalização e gerenciamento do contrato, prazo de execução e sanções, de forma clara, concisa e objetiva.

Art. 10. As designações do pregoeiro e da equipe de apoio devem recair nos servidores do órgão ou entidade promotora da licitação, ou de órgão ou entidade integrante do SISG.

§ 1º A equipe de apoio deverá ser integrada, em sua maioria, por servidores ocupantes de cargo efetivo ou emprego da administração pública, pertencentes, preferencialmente, ao quadro permanente do órgão ou entidade promotora da licitação.

§ 2º No âmbito do Ministério da Defesa, as funções de pregoeiro e de membro da equipe de apoio poderão ser desempenhadas por militares.

§ 3º A designação do pregoeiro, a critério da autoridade competente, poderá ocorrer para período de um ano, admitindo-se reconduções, ou para licitação específica.

§ 4º Somente poderá exercer a função de pregoeiro o servidor ou o militar que reúna qualificação profissional e perfil adequados, aferidos pela autoridade competente.

Art. 11. Caberá ao pregoeiro, em especial:

I - coordenar o processo licitatório;

II - receber, examinar e decidir as impugnações e consultas ao edital, apoiado pelo setor responsável pela sua elaboração;

III - conduzir a sessão pública na internet;

Decreto nº 5.450/2005

IV - verificar a conformidade da proposta com os requisitos estabelecidos no instrumento convocatório;

V - dirigir a etapa de lances;

VI - verificar e julgar as condições de habilitação;

VII - receber, examinar e decidir os recursos, encaminhando à autoridade competente quando mantiver sua decisão;

VIII - indicar o vencedor do certame;

IX - adjudicar o objeto, quando não houver recurso;

X - conduzir os trabalhos da equipe de apoio; e

XI - encaminhar o processo devidamente instruído à autoridade superior e propor a homologação.

Art. 12. Caberá à equipe de apoio, dentre outras atribuições, auxiliar o pregoeiro em todas as fases do processo licitatório.

Art. 13. Caberá ao licitante interessado em participar do pregão, na forma eletrônica:

I - credenciar-se no SICAF para certames promovidos por órgãos da administração pública federal direta, autárquica e fundacional, e de órgão ou entidade dos demais Poderes, no âmbito da União, Estados, Distrito Federal e Municípios, que tenham celebrado termo de adesão;

II - remeter, no prazo estabelecido, exclusivamente por meio eletrônico, via internet, a proposta e, quando for o caso, seus anexos;

III - responsabilizar-se formalmente pelas transações efetuadas em seu nome, assumindo como firmes e verdadeiras suas propostas e lances, inclusive os atos praticados diretamente ou por seu representante, não cabendo ao provedor do sistema ou ao órgão promotor da licitação responsabilidade por eventuais danos decorrentes de uso indevido da senha, ainda que por terceiros;

MURILO JACOBY FERNANDES

IV - acompanhar as operações no sistema eletrônico durante o processo licitatório, responsabilizando-se pelo ônus decorrente da perda de negócios diante da inobservância de quaisquer mensagens emitidas pelo sistema ou de sua desconexão;

V - comunicar imediatamente ao provedor do sistema qualquer acontecimento que possa comprometer o sigilo ou a inviabilidade do uso da senha, para imediato bloqueio de acesso;

VI - utilizar-se da chave de identificação e da senha de acesso para participar do pregão na forma eletrônica; e

VII - solicitar o cancelamento da chave de identificação ou da senha de acesso por interesse próprio.

Parágrafo único. O fornecedor descredenciado no SICAF terá sua chave de identificação e senha suspensas automaticamente.

Art. 14. Para habilitação dos licitantes, será exigida, exclusivamente, a documentação relativa:

I - à habilitação jurídica;

II - à qualificação técnica;

III - à qualificação econômico-financeira;

IV - à regularidade fiscal com a Fazenda Nacional, o sistema da seguridade social e o Fundo de Garantia do Tempo de Serviço - FGTS;

V - à regularidade fiscal perante as Fazendas Estaduais e Municipais, quando for o caso; e

VI - ao cumprimento do disposto no inciso XXXIII do art. 7º da Constituição e no inciso XVIII do art. 78 da Lei nº 8.666, de 1993.

Parágrafo único. A documentação exigida para atender ao disposto nos incisos I, III, IV e V deste artigo poderá ser substituída pelo registro cadastral no SICAF ou, em se tratando de órgão ou

Decreto nº 5.450/2005

entidade não abrangida pelo referido Sistema, por certificado de registro cadastral que atenda aos requisitos previstos na legislação geral.

Art. 15. Quando permitida a participação de empresas estrangeiras na licitação, as exigências de habilitação serão atendidas mediante documentos equivalentes, autenticados pelos respectivos consulados ou embaixadas e traduzidos por tradutor juramentado no Brasil.

Art. 16. Quando permitida a participação de consórcio de empresas, serão exigidos:

I - comprovação da existência de compromisso público ou particular de constituição de consórcio, com indicação da empresa-líder, que deverá atender às condições de liderança estipuladas no edital e será a representante das consorciadas perante a União;

II - apresentação da documentação de habilitação especificada no instrumento convocatório por empresa consorciada;

III - comprovação da capacidade técnica do consórcio pelo somatório dos quantitativos de cada consorciado, na forma estabelecida no edital;

IV - demonstração, por empresa consorciada, do atendimento aos índices contábeis definidos no edital, para fins de qualificação econômico-financeira;

V - responsabilidade solidária das empresas consorciadas pelas obrigações do consórcio, nas fases de licitação e durante a vigência do contrato;

VI - obrigatoriedade de liderança por empresa brasileira no consórcio formado por empresas brasileiras e estrangeiras, observado o disposto no inciso I; e

MURILO JACOBY FERNANDES

VII - constituição e registro do consórcio antes da celebração do contrato.

Parágrafo único. Fica impedida a participação de empresa consorciada, na mesma licitação, por intermédio de mais de um consórcio ou isoladamente.

Art. 17. A fase externa do pregão, na forma eletrônica, será iniciada com a convocação dos interessados por meio de publicação de aviso, observados os valores estimados para contratação e os meios de divulgação a seguir indicados:

I - até R$ 650.000,00 (seiscentos e cinqüenta mil reais):

a) Diário Oficial da União; e

b) meio eletrônico, na internet;

II - acima de R$ 650.000,00 (seiscentos e cinqüenta mil reais) até R$ 1.300.000,00 (um milhão e trezentos mil reais):

a) Diário Oficial da União;

b) meio eletrônico, na internet; e

c) jornal de grande circulação local;[11]

III - superiores a R$ 1.300.000,00 (um milhão e trezentos mil reais):

a) Diário Oficial da União;

b) meio eletrônico, na internet; e

c) jornal de grande circulação regional ou nacional.

§ 1º Os órgãos ou entidades integrantes do SISG e os que aderirem ao sistema do Governo Federal disponibilizarão a íntegra

---

[11] Consulte o Decreto nº 6.553/2008.

Decreto nº 5.450/2005

do edital, em meio eletrônico, no Portal de Compras do Governo Federal - Comprasnet, sítio www.comprasnet.gov.br.

§ 2º O aviso do edital conterá a definição precisa, suficiente e clara do objeto, a indicação dos locais, dias e horários em que poderá ser lida ou obtida a íntegra do edital, bem como o endereço eletrônico onde ocorrerá a sessão pública, a data e hora de sua realização e a indicação de que o pregão, na forma eletrônica, será realizado por meio da internet.

§ 3º A publicação referida neste artigo poderá ser feita em sítios oficiais da administração pública, na internet, desde que certificado digitalmente por autoridade certificadora credenciada no âmbito da Infra-Estrutura de Chaves Públicas Brasileira - ICP-Brasil.

§ 4º O prazo fixado para a apresentação das propostas, contado a partir da publicação do aviso, não será inferior a oito dias úteis.

§ 5º Todos os horários estabelecidos no edital, no aviso e durante a sessão pública observarão, para todos os efeitos, o horário de Brasília, Distrito Federal, inclusive para contagem de tempo e registro no sistema eletrônico e na documentação relativa ao certame.

§ 6º Na divulgação de pregão realizado para o sistema de registro de preços, independentemente do valor estimado, será adotado o disposto no inciso III.

Art. 18. Até dois dias úteis antes da data fixada para abertura da sessão pública, qualquer pessoa poderá impugnar o ato convocatório do pregão, na forma eletrônica.

§ 1º Caberá ao pregoeiro, auxiliado pelo setor responsável pela elaboração do edital, decidir sobre a impugnação no prazo de até vinte e quatro horas.

MURILO JACOBY FERNANDES

§ 2º Acolhida a impugnação contra o ato convocatório, será definida e publicada nova data para realização do certame.

Art. 19. Os pedidos de esclarecimentos referentes ao processo licitatório deverão ser enviados ao pregoeiro, até três dias úteis anteriores à data fixada para abertura da sessão pública, exclusivamente por meio eletrônico via internet, no endereço indicado no edital.

Art. 20. Qualquer modificação no edital exige divulgação pelo mesmo instrumento de publicação em que se deu o texto original, reabrindo-se o prazo inicialmente estabelecido, exceto quando, inquestionavelmente, a alteração não afetar a formulação das propostas.

Art. 21. Após a divulgação do edital no endereço eletrônico, os licitantes deverão encaminhar proposta com a descrição do objeto ofertado e o preço e, se for o caso, o respectivo anexo, até a data e hora marcadas para abertura da sessão, exclusivamente por meio do sistema eletrônico, quando, então, encerrar-se-á, automaticamente, a fase de recebimento de propostas.

§ 1º A participação no pregão eletrônico dar-se-á pela utilização da senha privativa do licitante.

§ 2º Para participação no pregão eletrônico, o licitante deverá manifestar, em campo próprio do sistema eletrônico, que cumpre plenamente os requisitos de habilitação e que sua proposta está em conformidade com as exigências do instrumento convocatório.

§ 3º A declaração falsa relativa ao cumprimento dos requisitos de habilitação e proposta sujeitará o licitante às sanções previstas neste Decreto.

§ 4º Até a abertura da sessão, os licitantes poderão retirar ou substituir a proposta anteriormente apresentada.

Decreto nº 5.450/2005

Art. 22. A partir do horário previsto no edital, a sessão pública na internet será aberta por comando do pregoeiro com a utilização de sua chave de acesso e senha.

§ 1º Os licitantes poderão participar da sessão pública na internet, devendo utilizar sua chave de acesso e senha.

§ 2º O pregoeiro verificará as propostas apresentadas, desclassificando aquelas que não estejam em conformidade com os requisitos estabelecidos no edital.

§ 3º A desclassificação de proposta será sempre fundamentada e registrada no sistema, com acompanhamento em tempo real por todos os participantes.

§ 4º As propostas contendo a descrição do objeto, valor e eventuais anexos estarão disponíveis na internet.

§ 5º O sistema disponibilizará campo próprio para troca de mensagens entre o pregoeiro e os licitantes.

Art. 23. O sistema ordenará, automaticamente, as propostas classificadas pelo pregoeiro, sendo que somente estas participarão da fase de lance.

Art. 24. Classificadas as propostas, o pregoeiro dará início à fase competitiva, quando então os licitantes poderão encaminhar lances exclusivamente por meio do sistema eletrônico.

§ 1º No que se refere aos lances, o licitante será imediatamente informado do seu recebimento e do valor consignado no registro.

§ 2º Os licitantes poderão oferecer lances sucessivos, observados o horário fixado para abertura da sessão e as regras estabelecidas no edital.

§ 3º O licitante somente poderá oferecer lance inferior ao último por ele ofertado e registrado pelo sistema.

§ 4º Não serão aceitos dois ou mais lances iguais, prevalecendo aquele que for recebido e registrado primeiro.

§ 5º Durante a sessão pública, os licitantes serão informados, em tempo real, do valor do menor lance registrado, vedada a identificação do licitante.

§ 6º A etapa de lances da sessão pública será encerrada por decisão do pregoeiro.

§ 7º O sistema eletrônico encaminhará aviso de fechamento iminente dos lances, após o que transcorrerá período de tempo de até trinta minutos, aleatoriamente determinado, findo o qual será automaticamente encerrada a recepção de lances.

§ 8º Após o encerramento da etapa de lances da sessão pública, o pregoeiro poderá encaminhar, pelo sistema eletrônico, contraproposta ao licitante que tenha apresentado lance mais vantajoso, para que seja obtida melhor proposta, observado o critério de julgamento, não se admitindo negociar condições diferentes daquelas previstas no edital.

§ 9º A negociação será realizada por meio do sistema, podendo ser acompanhada pelos demais licitantes.

§ 10. No caso de desconexão do pregoeiro, no decorrer da etapa de lances, se o sistema eletrônico permanecer acessível aos licitantes, os lances continuarão sendo recebidos, sem prejuízo dos atos realizados.

§ 11. Quando a desconexão do pregoeiro persistir por tempo superior a dez minutos, a sessão do pregão na forma eletrônica será suspensa e reiniciada somente após comunicação aos participantes, no endereço eletrônico utilizado para divulgação.

Art. 25. Encerrada a etapa de lances, o pregoeiro examinará a proposta classificada em primeiro lugar quanto à compatibilidade

Decreto nº 5.450/2005

do preço em relação ao estimado para contratação e verificará a habilitação do licitante conforme disposições do edital.

§ 1º A habilitação dos licitantes será verificada por meio do SICAF, nos documentos por ele abrangidos, quando dos procedimentos licitatórios realizados por órgãos integrantes do SISG ou por órgãos ou entidades que aderirem ao SICAF.

§ 2º Os documentos exigidos para habilitação que não estejam contemplados no SICAF, inclusive quando houver necessidade de envio de anexos, deverão ser apresentados inclusive via fax, no prazo definido no edital, após solicitação do pregoeiro no sistema eletrônico.

§ 3º Os documentos e anexos exigidos, quando remetidos via fax, deverão ser apresentados em original ou por cópia autenticada, nos prazos estabelecidos no edital.[12]

§ 4º Para fins de habilitação, a verificação pelo órgão promotor do certame nos sítios oficiais de órgãos e entidades emissores de certidões constitui meio legal de prova.

§ 5º Se a proposta não for aceitável ou se o licitante não atender às exigências habilitatórias, o pregoeiro examinará a proposta subseqüente e, assim sucessivamente, na ordem de classificação, até a apuração de uma proposta que atenda ao edital.

§ 6º No caso de contratação de serviços comuns em que a legislação ou o edital exija apresentação de planilha de composição de preços, esta deverá ser encaminhada de imediato por meio

---

[12] MPDG; CGU. Portaria Interministerial nº 176, de 25 de junho de 2018. Dispõe sobre a vedação de exigência de documentos de usuários de serviços públicos por parte de órgãos e entidades da Administração Pública federal.

eletrônico, com os respectivos valores readequados ao lance vencedor.

§ 7º No pregão, na forma eletrônica, realizado para o sistema de registro de preços, quando a proposta do licitante vencedor não atender ao quantitativo total estimado para a contratação, respeitada a ordem de classificação, poderão ser convocados tantos licitantes quantos forem necessários para alcançar o total estimado, observado o preço da proposta vencedora.

§ 8º Os demais procedimentos referentes ao sistema de registro de preços ficam submetidos à norma específica que regulamenta o art. 15 da Lei nº 8.666, de 1993.

§ 9º Constatado o atendimento às exigências fixadas no edital, o licitante será declarado vencedor.

Art. 26. Declarado o vencedor, qualquer licitante poderá, durante a sessão pública, de forma imediata e motivada, em campo próprio do sistema, manifestar sua intenção de recorrer, quando lhe será concedido o prazo de três dias para apresentar as razões de recurso, ficando os demais licitantes, desde logo, intimados para, querendo, apresentarem contra-razões em igual prazo, que começará a contar do término do prazo do recorrente, sendo-lhes assegurada vista imediata dos elementos indispensáveis à defesa dos seus interesses.

§ 1º A falta de manifestação imediata e motivada do licitante quanto à intenção de recorrer, nos termos do *caput*, importará na decadência desse direito, ficando o pregoeiro autorizado a adjudicar o objeto ao licitante declarado vencedor.

§ 2º O acolhimento de recurso importará na invalidação apenas dos atos insuscetíveis de aproveitamento.

Decreto nº 5.450/2005

§ 3º No julgamento da habilitação e das propostas, o pregoeiro poderá sanar erros ou falhas que não alterem a substância das propostas, dos documentos e sua validade jurídica, mediante despacho fundamentado, registrado em ata e acessível a todos, atribuindo-lhes validade e eficácia para fins de habilitação e classificação.

Art. 27. Decididos os recursos e constatada a regularidade dos atos praticados, a autoridade competente adjudicará o objeto e homologará o procedimento licitatório.

§ 1º Após a homologação referida no *caput*, o adjudicatário será convocado para assinar o contrato ou a ata de registro de preços no prazo definido no edital.

§ 2º Na assinatura do contrato ou da ata de registro de preços, será exigida a comprovação das condições de habilitação consignadas no edital, as quais deverão ser mantidas pelo licitante durante a vigência do contrato ou da ata de registro de preços.

§ 3º O vencedor da licitação que não fizer a comprovação referida no § 2º ou quando, injustificadamente, recusar-se a assinar o contrato ou a ata de registro de preços, poderá ser convocado outro licitante, desde que respeitada a ordem de classificação, para, após comprovados os requisitos habilitatórios e feita a negociação, assinar o contrato ou a ata de registro de preços, sem prejuízo das multas previstas em edital e no contrato e das demais cominações legais.

§ 4º O prazo de validade das propostas será de sessenta dias, salvo disposição específica do edital.

Art. 28. Aquele que, convocado dentro do prazo de validade de sua proposta, não assinar o contrato ou ata de registro de preços, deixar de entregar documentação exigida no edital, apresentar documentação falsa, ensejar o retardamento da execução de seu objeto, não mantiver a proposta, falhar ou fraudar na execução do contrato, comportar-se de modo inidôneo, fizer declaração falsa ou cometer fraude fiscal, garantido o direito à ampla defesa, ficará impedido de licitar e de contratar com a União, e será descredenciado no SICAF, pelo prazo de até cinco anos, sem prejuízo das multas previstas em edital e no contrato e das demais cominações legais.

Parágrafo único. As penalidades serão obrigatoriamente registradas no SICAF.

Art. 29. A autoridade competente para aprovação do procedimento licitatório somente poderá revogá-lo em face de razões de interesse público, por motivo de fato superveniente devidamente comprovado, pertinente e suficiente para justificar tal conduta, devendo anulá-lo por ilegalidade, de ofício ou por provocação de qualquer pessoa, mediante ato escrito e fundamentado.

§ 1º A anulação do procedimento licitatório induz à do contrato ou da ata de registro de preços.

§ 2º Os licitantes não terão direito à indenização em decorrência da anulação do procedimento licitatório, ressalvado o direito do contratado de boa-fé de ser ressarcido pelos encargos que tiver suportado no cumprimento do contrato.

Art. 30. O processo licitatório será instruído com os seguintes documentos:

I - justificativa da contratação;

II - termo de referência;

III - planilhas de custo, quando for o caso;

Decreto nº 5.450/2005

IV - previsão de recursos orçamentários, com a indicação das respectivas rubricas;

V - autorização de abertura da licitação;

VI - designação do pregoeiro e equipe de apoio;

VII - edital e respectivos anexos, quando for o caso;

VIII - minuta do termo do contrato ou instrumento equivalente, ou minuta da ata de registro de preços, conforme o caso;

IX - parecer jurídico;

X - documentação exigida para a habilitação;

XI - ata contendo os seguintes registros:

a) licitantes participantes;

b) propostas apresentadas;

c) lances ofertados na ordem de classificação;

d) aceitabilidade da proposta de preço;

e) habilitação; e

f) recursos interpostos, respectivas análises e decisões;

XII - comprovantes das publicações:

a) do aviso do edital;

b) do resultado da licitação;

c) do extrato do contrato; e

d) dos demais atos em que seja exigida a publicidade, conforme o caso.

§ 1º O processo licitatório poderá ser realizado por meio de sistema eletrônico, sendo que os atos e documentos referidos neste artigo constantes dos arquivos e registros digitais serão válidos para todos os efeitos legais, inclusive para comprovação e prestação de contas.

§ 2º Os arquivos e registros digitais, relativos ao processo licitatório, deverão permanecer à disposição das auditorias internas e externas.

§ 3º A ata será disponibilizada na internet para acesso livre, imediatamente após o encerramento da sessão pública.

Art. 31. O Ministério do Planejamento, Orçamento e Gestão estabelecerá instruções complementares ao disposto neste Decreto.

Art. 32. Este Decreto entra em vigor em 1º de julho de 2005.

Art. 33. Fica revogado o Decreto nº 3.697, de 21 de dezembro de 2000.

Brasília, 31 de maio de 2005; 184º da Independência e 117º da República.

LUIZ INÁCIO LULA DA SILVA

RESOLUÇÃO CGPAR Nº 21, DE 18 DE JANEIRO DE 2018

COMISSÃO INTERMINISTERIAL DE GOVERNANÇA CORPORATIVA E DE ADMINISTRAÇÃO DE PARTICIPAÇÕES SOCIETÁRIAS DA UNIÃO

A COMISSÃO INTERMINISTERIAL DE GOVERNANÇA CORPORATIVA E DE ADMINISTRAÇÃO DE PARTICI-PAÇÕES SOCIETÁRIAS DA UNIÃO - CGPAR, no uso das atribuições que lhe confere o art. 3º, I, 'b', do Decreto nº 6.021, de 22 de janeiro de 2007, e tendo em vista proposição do Grupo Executivo - GE aprovada conforme Ata de sua 96ª Reunião Ordinária, realizada no dia 23 de fevereiro de 2017 e modificada na 98ª Reunião Ordinária, realizada no dia 8 de junho de 2017, resolve:

Art. 1º Nas empresas estatais federais, serão nomeados e destituídos pelo Conselho de Administração e poderão permanecer no mesmo cargo pelo período máximo de três anos consecutivos os titulares máximos não estatutários das seguintes áreas, se houver:

I - Auditoria Interna;

II - *Compliance*, conformidade e controle interno;

III - Gestão de Riscos;

IV - Ouvidoria; e

V - Corregedoria.

§ 1º Atingido o prazo limite referido no caput, o Conselho de Administração poderá prorrogá-lo uma única vez, por igual período.

§ 2º Finda a prorrogação referida no § 1º, se o titular da área for imprescindível para a finalização de trabalhos considerados relevantes, o Conselho de Administração poderá mantê-lo no cargo por mais 365 dias, mediante decisão fundamentada e que contenha análise de plano de ação para transferência das referidas atividades relevantes.

§ 3º O titular que for destituído do cargo, inclusive a pedido, só poderá voltar a ocupar a mesma função, na mesma empresa, após o interstício de três anos.

Art. 2º Cabe ao Conselho de Administração decidir pela exoneração ou permanência dos atuais titulares dos cargos listados no art. 1º, seguindo, no caso da permanência, as seguintes regras:

I - se o titular estiver no cargo há até três anos, o período de exercício anterior à edição da Resolução será computado para fins de apuração do prazo máximo a que se refere o caput do art. 1º, sem prejuízo à prorrogação prevista no § 1º do art. 1º;

II - se o titular estiver no cargo há mais de três e menos de seis anos, poderá continuar exercendo o cargo até completar o período de seis anos, sendo vedada a prorrogação; e

III - se o titular estiver no cargo há seis anos ou mais, o Conselho de Administração deverá nomear novo titular, obedecido o disposto no art. 4º e dentro do prazo estabelecido no art. 6º desta Resolução.

Art. 3º As Diretorias Executivas das empresas estatais federais deverão avaliar a necessidade de adotar mecanismo equivalente para os titulares de outras áreas internas.

Art. 4º A nomeação, designação, exoneração ou dispensa do titular de unidade de auditoria interna será submetida, pelo Presidente da empresa estatal federal, à aprovação do Conselho de Administração e, após, à aprovação do Ministério da Transparência e Controladoria Geral da União - CGU.

Resolução CGPAR nº 21/2018

Parágrafo único. O titular de unidade de auditoria interna das estatais federais poderá ser nomeado em cargo de livre provimento.

Art. 5º Inexistindo Conselho de Administração na subsidiária, as referências a esse colegiado devem ser entendidas como feitas ao Conselho de Administração da empresa controladora.

Art. 6º Os administradores das empresas estatais federais adotarão as providências que se fizerem necessárias para cumprir esta Resolução no prazo de 180 dias a contar da sua publicação.

Art. 7º A Auditoria Interna das empresas estatais federais e os órgãos de controle e fiscalização da Administração Federal deverão incluir, no escopo de seus trabalhos, no que couber, a verificação quanto à observância pelas empresas desta Resolução.

Art. 8º Esta Resolução entra em vigor na data da sua publicação.

DYOGO HENRIQUE DE OLIVEIRA
HENRIQUE DE CAMPOS MEIRELES
ELISEU LEMOS PADILHA
WAGNER DE CAMPOS ROSÁRIO

Resolução CGPAR nº 22, de 18 de janeiro de 2018

Estabelece diretrizes e parâmetros mínimos de governança para as empresas estatais federais sobre benefícios de assistência à saúde na modalidade de autogestão.

A COMISSÃO INTERMINISTERIAL DE GOVERNANÇA CORPORATIVA E DE ADMINISTRAÇÃO DE PARTICIPAÇÕES SOCIETÁRIAS DA UNIÃO - CGPAR, no uso das atribuições que lhe confere o art. 3º do Decreto nº 6.021, de 22 de janeiro de 2007, e tendo em vista o disposto no Decreto-Lei nº 200, de 25 de fevereiro de 1967, e a proposição do Grupo Executivo GE aprovada conforme Ata de sua 100ª Reunião Ordinária, realizada no dia 08 de dezembro de 2017, resolve:

Art. 1º Estabelecer diretrizes e parâmetros mínimos de governança para as empresas estatais federais sobre benefícios de assistência à saúde na modalidade de autogestão.

Art. 2º Considerar, para efeitos desta Resolução:

I - benefício de assistência à saúde: é o benefício ofertado pela empresa com vistas à prestação de serviços de assistência à saúde aos empregados, por meio da oferta de plano de assistência à saúde por autogestão, por reembolso de despesas ou por contratação de plano de mercado ou qualquer outra modalidade;

II - autogestão por operadora: modalidade de oferta do benefício de assistência à saúde em que a empresa estatal federal patrocina, por meio de pessoa jurídica de direito privado de fins não econômicos, plano privado e fechado de assistência à saúde;

III - autogestão por recursos humanos - RH: modalidade de oferta do benefício de assistência à saúde em que a empresa estatal federal opera, por intermédio de seu departamento de recursos humanos ou órgão assemelhado, plano privado e fechado de assistência à saúde;

IV - autogestão: engloba a autogestão por operadora e a autogestão por RH; e

V - empresa estatal federal: entidade dotada de personalidade jurídica de direito privado, cuja maioria do capital votante pertença direta ou indiretamente à União.

Art. 3º A diretoria colegiada, ou órgão equivalente, das empresas estatais federais deverá apresentar ao seu Conselho Fiscal, ao Conselho de Administração e ao Comitê Estatutário de Auditoria, até o mês de junho de cada ano, relatório consolidado, referente ao exercício anterior, sobre o custeio do benefício de assistência à saúde na modalidade autogestão, contendo:

I - percentual de participação da empresa no custeio do benefício, relativo aos custos de assistência, administrativo-operacionais ou com taxa de administração;

II - perspectiva de evolução das receitas e dos custos do benefício para os próximos 3 exercícios;

III - evolução, nos últimos três exercícios, dos dispêndios com os principais procedimentos assistenciais que oneraram o fornecimento do benefício;

IV - eventos relevantes que ocorreram no último exercício que tenham onerado o custo do plano ou que venham a fazê-lo nos próximos exercícios, inclusive os decorrentes de ações judiciais;

V - ações realizadas para o monitoramento e redução de custos do benefício;

RESOLUÇÃO CGPAR Nº 22/2018

VI - situação das garantias exigidas pela Agência Nacional de Saúde Suplementar - ANS para manutenção do equilíbrio econômico-financeiro do plano;

VII - custo do benefício no pós-emprego e estimativa de custo para os três exercícios subsequentes, quando for o caso;

VIII - quantidade de ex-empregados que permanecem utilizando o plano arcando integralmente com seu custo, conforme art. 30 e 31 da Lei nº 9.656, de 30 de junho de 1998, bem como sua evolução nos últimos três exercícios;

IX - valor das multas pagas à ANS e seus principais motivos, nos últimos três exercícios;

X - avaliação da exposição a risco, inclusive o da sinistralidade, o atuarial e o do pós-emprego, e ações que visem sua mitigação;

XI - avaliação da composição da carteira de beneficiários, considerando a evolução do percentual de idosos, a idade média dos beneficiários, a distribuição de beneficiários por faixa etária, a razão de dependência e o índice de envelhecimento;

XII - avaliação quanto à qualidade e conformidade do atendimento prestado aos empregados, evidenciando a extensão da rede credenciada e sua adequação ao público beneficiário;

XIII - avaliação da evolução do Índice de Desempenho da Saúde Suplementar - IDSS obtido pela autogestão nos últimos três anos;

XIV - avaliação qualitativa e quantitativa das reclamações registradas na ANS relativas à autogestão, bem como sua evolução nos últimos três anos; e

XV - quantidade e tipificação dos atendimentos prestados pelo Sistema Único de Saúde a beneficiários vinculados à autogestão, bem como demonstração da realização do ressarcimento devido legalmente.

Art. 4º As empresas estatais federais deverão criar rotinas de avaliação e monitoramento da gestão das operadoras de autogestão que administram os seus planos de benefício de assistência à saúde, assegurando o cumprimento das exigências regulatórias da Lei nº 9.656, de 1998, especialmente as que:

I - tratam de constituição e manutenção de garantias financeiras mínimas;

II - avaliam a exposição a risco, inclusive o atuarial e o decorrente do pós-emprego; e

III - a empresa está submetida em razão dos planos de saúde que mantém ou patrocina, apresentando as conclusões em sua carta anual de política pública e governança, de que trata a Lei nº 13.303, de 30 de junho de 2016.

§ 1º Detectado o descumprimento das exigências regulatórias dispostas neste artigo em empresas com autogestão por RH, a Diretoria Executiva deverá submeter plano de ação com relatório da situação e a respectiva proposta de regularização ao Conselho de Administração, que será a instância interna responsável por cobrar a implementação e efetividade do plano.

§ 2º Detectado o descumprimento das exigências regulatórias dispostas neste artigo em empresas com autogestão por operadora, a Diretoria Executiva deverá solicitar à operadora a apresentação de plano de ação com relatório da situação e a respectiva proposta de regularização, devendo ser dado conhecimento ao Conselho de Administração da estatal, que será a instância interna responsável por cobrar a implementação e efetividade do plano.

Resolução CGPAR nº 22/2018

Art. 5º As empresas estatais federais patrocinadoras ou mantenedoras de planos de saúde por operadora de autogestão deverão assegurar, quando da nomeação ou recondução de seus representantes na Diretoria Executiva e nos Conselhos e/ou Colegiados dessas operadoras, que os indicados cumpram os seguintes requisitos:

I - sejam escolhidos entre cidadãos de reputação ilibada e de notório conhecimento;

II - possuam quatro anos de experiência em atividade na área financeira, contábil, administrativa, jurídica ou de saúde;

III - tenham formação de nível superior em pelo menos uma das áreas referidas no inciso anterior;

IV - não se enquadrem nas hipóteses de inelegibilidade previstas nas alíneas do inciso I do caput do art. 1º da Lei Complementar nº 64, de 18 de maio de 1990, com as alterações introduzidas pela Lei Complementar nº 135, de 4 de junho de 2010;

V - não sejam representantes do órgão regulador ao qual a entidade está sujeita;

VI - não exerçam os seguintes cargos:

a) Ministro de Estado, Secretário de Estado ou Secretário Municipal;

b) de Natureza Especial;

c) em comissão na administração pública federal, direta ou indireta, sem vínculo efetivo com o serviço público;

d) de dirigente estatutário de partido político, ainda que licenciado; e

e) titular de mandato no Poder Legislativo de qualquer ente da federação, ainda que licenciado;

VII - não tenham atuado, nos últimos trinta e seis meses, como participante de estrutura decisória de partido político ou em trabalho vinculado a organização, estruturação e realização de campanha eleitoral;

VIII - não exerçam cargo em organização sindical;

IX - não tenham firmado contrato ou parceria, como fornecedor ou comprador, demandante ou ofertante, de bens ou serviços de qualquer natureza, com a patrocinadora ou com a própria operadora em período inferior a três anos antes da data de nomeação;

X - não tenham ou possam ter qualquer forma de conflito de interesse com a patrocinadora ou com a própria operadora;

XI - não tenham sofrido condenação transitada em julgado ou proferida por órgão judicial colegiado por:

a) crime contra o patrimônio público ou de operadora de saúde suplementar;

b) crime de lavagem ou ocultação de bens, direitos e valores;

c) crime hediondo ou praticado por organização criminosa, quadrilha ou bando; e

d) práticas que determinaram demissão, destituição ou cassação de aposentadoria, no âmbito do serviço público;

XII - não tenham sofrido penalidade administrativa de suspensão ou de inabilitação por infração à legislação da seguridade social; e

XIII - não sejam cônjuge ou parente até o terceiro grau de conselheiro, diretor ou dirigente da operadora de saúde suplementar ou do(s) patrocinador(es).

RESOLUÇÃO CGPAR Nº 22/2018

§ 1º A vedação prevista nos incisos V e VI estende-se também aos parentes consanguíneos ou afins até o terceiro grau das pessoas nele mencionadas.

§ 2º O disposto no inciso XI não se aplica a crimes culposos ou quando decisão judicial suspender ou anular a decisão ou o fato gerador do impedimento.

§ 3º O disposto na alínea c do inciso VI não se aplica ao aposentado da patrocinadora da autogestão.

Art. 6º As empresas estatais federais, por intermédio dos representantes nos Conselhos e/ou Colegiados na operadora de autogestão, deverão implementar e monitorar planos de metas para as diretorias das autogestões até 31 de dezembro de 2019.

Art. 7º Para as empresas que possuem autogestão por RH, deverá ser implantado, até 31 de dezembro de 2018, plano de metas específico, cuja aprovação e supervisão serão de responsabilidade da Diretoria Executiva ou órgão equivalente, acompanhado pelo Conselho de Administração da respectiva empresa e pelo Comitê de Auditoria.

Art. 8º No que couber, a Auditoria Interna das empresas estatais federais e os órgãos de controle e fiscalização da Administração Federal deverão incluir no escopo de seus trabalhos a verificação quanto à observância pelas empresas desta Resolução.

Art. 9º No âmbito de suas atribuições, fica a Secretaria de Coordenação e Governança das Empresas Estatais autorizada a editar normas complementares a esta Resolução.

Art. 10. Esta Resolução entra em vigor na data de sua publicação.

DYOGO HENRIQUE DE OLIVEIRA
HENRIQUE DE CAMPOS MEIRELLES
ELISEU LEMOS PADILHA

Resolução CGPAR Nº 23, de 18 de Janeiro de 2018

Estabelece diretrizes e parâmetros para o custeio das empresas estatais federais sobre benefícios de assistência à saúde aos empregados.

A COMISSÃO INTERMINISTERIAL DE GOVERNANÇA CORPORATIVA E DE ADMINISTRAÇÃO DE PARTICIPAÇÕES SOCIETÁRIAS DA UNIÃO - CGPAR, no uso das atribuições que lhe confere o art. 3º do Decreto nº 6.021, de 22 de janeiro de 2007, e tendo em vista o disposto no Decreto-Lei nº 200, de 25 de fevereiro de 1967, e a proposição do Grupo Executivo GE aprovada conforme Ata de sua 100ª Reunião Ordinária, realizada no dia 08 de dezembro de 2017, resolve:

Art. 1º Estabelecer diretrizes e parâmetros para o custeio das empresas estatais federais sobre benefícios de assistência à saúde aos empregados.

Art. 2º Para efeitos desta Resolução considera-se:

I - benefício de assistência: à saúde: é o benefício ofertado pela empresa com vistas à prestação de serviços de assistência à saúde aos empregados, por meio da oferta de plano de assistência à saúde por autogestão, por reembolso de despesas ou por contratação de plano de mercado ou qualquer outra modalidade;

II - autogestão por operadora: modalidade de oferta do benefício de assistência à saúde em que a empresa estatal federal patrocina, por meio de pessoa jurídica de direito privado de fins não econômicos, plano privado e fechado de assistência à saúde;

III - autogestão por recursos humanos RH: modalidade de oferta do benefício de assistência à saúde em que a empresa estatal

MURILO JACOBY FERNANDES

federal opera, por intermédio de seu departamento de recursos humanos ou órgão assemelhado, plano privado e fechado de assistência à saúde;

IV - autogestão: engloba a autogestão por operadora e a autogestão por RH; engloba a autogestão por operadora e a autogestão por RH; e

V - plano de saúde contratado no mercado: modalidade de oferta do benefício de assistência à saúde em que a empresa estatal federal contrata diretamente no mercado plano de saúde empresarial;

VI - reembolso: modalidade de oferta do benefício de assistência à saúde em que a empresa estatal federal ressarce ao empregado, mediante comprovação, parcela do valor correspondente a plano de saúde suplementar adquirido pelo empregado no mercado;

VII - custeio de benefícios de assistência à saúde: valores gastos pela empresa estatal pública federal e pelos empregados para custear o benefício de assistência à saúde dos empregados e seus beneficiários, incluídos os custos administrativos e tributários;

VIII - folha de pagamento: corresponde à soma das verbas salariais pagas no ano pela empresa estatal federal aos seus empregados, incluídos o salário-condição e os encargos sociais e excluídos os valores pagos a título de diárias, de conversão em espécie de direitos, de indenização, de reembolsos, de auxílios e demais verbas de caráter não salarial e o salário in natura;

IX - folha de proventos: corresponde à soma dos valores recebidos pelos aposentados e pensionistas a título de renda anual de aposentadoria ou pensão, pagos por instituição oficial de previdência social e o valor pago a título de previdência

RESOLUÇÃO CGPAR Nº 23/2018

complementar que decorreu do contrato de trabalho com a empresa estatal; e

X - Empresa estatal federal: entidade dotada de personalidade jurídica de direito privado, cuja maioria do capital votante pertença direta ou indiretamente à União.

Art. 3º A participação das empresas estatais federais no custeio do benefício de assistência à saúde, na modalidade autogestão, será limitada ao menor dos dois percentuais apurados sobre a folha de pagamento, conforme a seguir:

I - percentual correspondente à razão entre o valor despendido pela empresa para o custeio do benefício de assistência à saúde e o valor da folha de pagamento apurados em 2017, acrescido de até 10% (dez por cento) do resultado dessa razão; e

II - 8% (oito por cento). § 1º Caso a empresa estatal conceda o benefício de assistência à saúde no pós-emprego, deverá levar em consideração, no cálculo estabelecido nos incisos I e II e no § 3º, os gastos com o custeio da assistência à saúde dos aposentados e pensionistas e o valor de sua respectiva folha de proventos.

§ 2º No valor despendido pela empresa para o custeio do benefício de assistência à saúde, não serão considerados os gastos decorrentes:

I - da aplicação das normas de segurança e saúde do trabalho;

II - de programas de promoção da saúde e prevenção de riscos e doenças, quando restritos aos empregados ativos; e

III - da concessão deste benefício, como incentivo temporário, em Planos de Demissão Voluntária aprovados pela Secretaria de Coordenação e Governança das Empresas Estatais Federais.

MURILO JACOBY FERNANDES

§ 3º A contribuição da empresa estatal federal para o custeio do benefício de assistência à saúde não poderá exceder a contribuição dos empregados.

Art. 4º Fica vedada às empresas estatais federais a instituição ou criação de benefício de assistência à saúde na modalidade autogestão por RH.

Art. 5º Fica vedado à empresa estatal federal participar de operadora de benefício de assistência à saúde na qualidade de mantenedora.

Art. 6º A quantidade mínima de beneficiários para a instituição ou criação de benefício de assistência à saúde por empresa estatal federal, na modalidade autogestão por operadora, é de vinte mil beneficiários na operadora.

Art. 7º A empresa estatal que patrocine ou mantenha plano de saúde, nas modalidades de autogestão por operadora ou por RH, com quantidade de beneficiários inferior ao quantitativo estabelecido no art. 6º, deverá apresentar ao seu Conselho de Administração, em até dezoito meses, proposta de enquadramento na regra definida, com cronograma de execução a ser monitorado pelo Comitê de Auditoria.

Parágrafo único. O prazo total, incluindo a proposta e a execução das medidas para enquadramento, não poderá exceder o disposto no art. 17.

Art. 8º Respeitado o direito adquirido, o benefício de assistência à saúde, com custeio pela empresa, somente será concedido aos empregados das empresas estatais federais durante a vigência do contrato de trabalho.

RESOLUÇÃO CGPAR Nº 23/2018

Art. 9º A oferta de benefício de assistência à saúde, na modalidade autogestão, será permitida, desde que as seguintes condições sejam implementadas:

I - cobrança de mensalidade por beneficiário, de acordo com faixa etária e/ou renda;

II - utilização de mecanismos financeiros de regulação, nos termos autorizados pela Agência Nacional de Saúde Suplementar ANS;

III - fixação de prazo de carência, de acordo com os normativos da ANS, para os empregados cuja adesão ocorra após noventa dias do início do contrato de trabalho;

IV - limitação da inscrição, como beneficiários dependentes de seus empregados, exclusivamente aos seguintes:

a) cônjuge ou companheiro(a) de união estável, inclusive os do mesmo sexo;

b) filhos, incluídos os adotivos, ou enteados solteiros menores de vinte e um anos de idade;

c) filhos, incluídos os adotivos, ou enteados solteiros a partir de vinte e um anos de idade e menores de vinte e quatro anos de idade, cursando o 3º grau ou equivalente;

d) filhos ou enteados solteiros maiores de vinte e um anos incapacitados permanentemente para o trabalho; e

e) os menores sob tutela ou curatela.

Parágrafo único. Respeitado o direito adquirido, as empresas deverão ajustar seu benefício de assistência à saúde, de modo a se enquadrar no disposto neste artigo, observado o prazo estabelecido no art. 17.

Murilo Jacoby Fernandes

Art. 10. As empresas que concedem benefícios de assistência à saúde, na modalidade autogestão, que não se enquadrem nas condições estabelecidas no art. 9°:

I - deverão fechar seus planos para adesão de empregados admitidos após a entrada em vigor desta Resolução; e

II - somente estarão autorizadas a oferecer para seus novos empregados benefício de assistência à saúde na modalidade de reembolso.

Art. 11. Os editais de processos seletivos para admissão de empregados das empresas estatais federais não deverão prever o oferecimento de benefícios de assistência à saúde.

Art. 12. Respeitados os incisos I e II do art. 3°, a participação da empresa no custeio do benefício de assistência à saúde, na modalidade reembolso, não poderá exceder a participação de cada empregado, nem exceder a valor máximo individual a ser autorizado pela Secretaria de Coordenação e Governança das Empresas Estatais Federais, nos termos de sua competência.

§ 1° Para empregados com menor nível salarial, é permitido reembolso de valor mensal mínimo a ser autorizado pela Secretaria de Coordenação e Governança das Empresas Estatais Federais, nos termos de sua competência, mesmo que neste caso o custeio por parte da empresa seja superior ao do empregado.

§ 2° O menor nível salarial referido no parágrafo anterior será fixado anualmente pela Secretaria de Coordenação e Governança das Empresas Estatais Federais.

Art. 13. Respeitados os incisos I e II do art. 3°, a participação da empresa no custeio do benefício de assistência à saúde, na modalidade plano de saúde contratado no mercado, não poderá exceder ao somatório das parcelas de custeio dos empregados.

RESOLUÇÃO CGPAR Nº 23/2018

Art. 14. As empresas estatais federais que ofereçam benefícios de assistência à saúde, na modalidade de autogestão por RH, deverão apresentar, anualmente, ao Comitê de Auditoria, acompanhamento gerencial sistemático da contabilidade relativa à gestão do benefício de assistência à saúde, apropriando todos os custos envolvidos na operação do benefício.

Art. 15. As empresas estatais federais que possuam o benefício de assistência à saúde previsto em Acordos Coletivos de Trabalho - ACT deverão tomar as providências necessárias para que, nas futuras negociações, a previsão constante no ACT se limite à garantia do benefício de assistência à saúde, sem previsão de qualquer detalhamento do mesmo.

Art. 16. Respeitado o direito adquirido, as empresas estatais federais deverão adequar seus normativos internos, de forma a deixa-los em conformidade com esta Resolução.

Art. 17. As empresas que estiverem operando seus benefícios de assistência à saúde em desacordo com o previsto nesta Resolução deverão se adequar em até quarenta e oito meses, a contar da data da vigência desta Resolução.

Art. 18. No que couber, a Auditoria Interna das empresas estatais federais e os órgãos de controle e fiscalização da Administração Federal deverão incluir no escopo de seus trabalhos a verificação quanto à observância pelas empresas desta Resolução.

Art. 19. No âmbito de suas atribuições, fica a Secretaria de Coordenação e Governança das Empresas Estatais Federais autorizada a editar normas complementares a esta Resolução.

Art. 20. Esta Resolução entra em vigor na data de sua publicação.

DYOGO HENRIQUE DE OLIVEIRA
HENRIQUE DE CAMPOS MEIRELES
ELISEU LEMOS PADILHA

CIRCULAR/SUSEP Nº 553, DE 23 DE MAIO DE 2017

Estabelece diretrizes gerais aplicáveis aos seguros de responsabilidade civil de diretores e administradores de pessoas jurídicas (seguro de RC D & O), e dá outras providências.

O SUPERINTENDENTE DA SUPERINTENDÊNCIA DE SEGUROS PRIVADOS - SUSEP, na forma do disposto no art. 36, alínea "b", do Decreto-lei nº 73, de 21 de novembro de 1966, e considerando o disposto no inciso II do artigo 34 do Decreto nº 60.459, de 13 de março de 1967, bem como o que consta no Processo Susep nº 15414.610483/2016-36,

Resolve:

Art. 1º Estabelecer diretrizes gerais aplicáveis aos seguros de responsabilidade civil de diretores e administradores de pessoas jurídicas (seguro de RC D & O).

Art. 2º Após a publicação desta circular, as sociedades seguradoras que desejarem iniciar a operar com o seguro de RC D & O, deverão submeter, à Susep, para fins de análise e arquivamento, plano de seguro específico, cujas condições contratuais e respectiva nota técnica atuarial deverão estar em conformidade com as presentes disposições e a legislação em vigor.

Art. 3º Para fins desta norma, são adotadas as seguintes definições:

I - apólice à base de ocorrências (*"occurrence basis"*): aquela que define, como objeto do seguro, o pagamento e/ou o reembolso das quantias, respectivamente, devidas ou pagas a terceiros, pelo segurado, a título de reparação de danos, estipuladas por tribunal civil ou por acordo aprovado pela seguradora, desde que:

RESOLUÇÃO SUSEP Nº 553/2017

a) os danos tenham ocorrido durante o período de vigência da apólice; e

b) o segurado pleiteie a garantia durante a vigência da apólice ou nos prazos prescricionais em vigor;

II - apólice à base de reclamações ("*claims made basis*"): forma alternativa de contratação de seguro de responsabilidade civil, em que se define, como objeto do seguro, o pagamento e/ou o reembolso das quantias, respectivamente, devidas ou pagas a terceiros, pelo segurado, a título de reparação de danos, estipuladas por tribunal judicial civil, decisão arbitral ou decisão administrativa, ou por acordo aprovado pela sociedade seguradora, desde que:

a) os danos tenham ocorrido durante o período de vigência da apólice ou durante o período de retroatividade; e

b) o terceiro apresente a reclamação ao segurado:

1. durante a vigência da apólice; ou

2. durante o prazo complementar, quando aplicável; ou

3. durante o prazo suplementar, quando aplicável;

III - apólice à base de reclamações, com cláusula de notificações: tipo especial de contrato celebrado com apólice à base de reclamações, que faculta, ao segurado, exclusivamente durante a vigência da apólice, a possibilidade de registrar, formalmente, junto à seguradora, fatos ou circunstâncias potencialmente danosos, cobertos pelo seguro, mas ainda não reclamados, vinculando a apólice então vigente a reclamações futuras que vierem a ser apresentadas por terceiros prejudicados (se o segurado não tiver registrado, na seguradora, o evento potencialmente danoso, e este vier a ser reclamado, no futuro, por terceiros prejudicados, será acionada a apólice que estiver em vigor por ocasião da apresentação da reclamação);

IV - ato ilícito/ato danoso: ação ou omissão voluntária, negligência ou imprudência, que viole direito e cause dano a outrem, ainda que exclusivamente moral;

V - ato (ilícito) culposo: ações ou omissões involuntárias, que violem direito e causem dano a outrem, ainda que exclusivamente moral, decorrentes de negligência, imperícia ou imprudência do responsável, pessoa física ou jurídica;

VI - ato (ilícito) doloso: ações ou omissões voluntárias, que violem direito e/ou causem dano a outrem, ainda que exclusivamente moral;

VII - aviso de sinistro: ato de dar conhecimento, à seguradora, por escrito, durante o período de vigência, ou durante os Prazos Complementar ou Suplementar, quando cabíveis, da ocorrência de uma reclamação de terceiro (s). É uma das obrigações do segurado, prevista em todos os contratos de seguro, e deve ser feito de imediato, tão logo o segurado tome conhecimento do sinistro;

VIII - culpa grave: é aquela que, por suas características, se equipara ao dolo, sendo motivo para a perda de direitos por parte do Segurado. A culpa grave deverá ser definida pelo Judiciário ou por arbitragem;

IX - custos de defesa: compreendem as custas judiciais, os honorários advocatícios e periciais, e as despesas necessárias para apresentar, junto aos órgãos competentes, as defesas e/ou recursos dos Segurados relativos a reclamações contempladas pelo seguro;

X - data limite de retroatividade ou data retroativa de cobertura: data igual ou anterior ao início da vigência da primeira de uma série sucessiva e ininterrupta de apólices à base de reclamações, a ser pactuada pelas partes por ocasião da contratação inicial do seguro;

RESOLUÇÃO SUSEP Nº 553/2017

XI - dano: alteração, para menor, do valor econômico dos bens ou da expectativa de ganho de uma pessoa física ou jurídica, ou violação de seus direitos, ou, ainda, no caso de pessoas físicas, lesão ao seu corpo ou à sua mente, ou aos direitos da personalidade;

XII - dano corporal: toda ofensa causada à normalidade funcional do corpo humano, dos pontos de vista anatômico, fisiológico e/ou mental, incluídas as doenças, a invalidez, temporária ou permanente, e a morte; não estão abrangidos por esta definição os danos morais, os danos estéticos, e os danos materiais, embora, em geral, tais danos possam ocorrer em conjunto com os danos corporais, ou em consequência destes;

XIII - dano físico à pessoa: toda ofensa causada à normalidade funcional do corpo humano, dos pontos de vista anatômico e/ou fisiológico, incluídas as doenças, a invalidez, temporária ou permanente, e a morte; não estão abrangidos por esta definição os danos morais, os danos estéticos, os danos mentais, e os danos materiais, embora, em geral, tais danos possam ocorrer em conjunto com os danos físicos à pessoa, ou em consequência destes;

XIV - dano material: toda alteração de um bem tangível ou corpóreo que reduza ou anule seu valor econômico, como, por exemplo, deterioração, estrago, inutilização, destruição, extravio, furto ou roubo do mesmo; não se enquadram neste conceito a redução ou a eliminação de disponibilidades financeiras já existentes, tais como dinheiro, créditos, e/ou valores mobiliários, que são consideradas "prejuízo financeiro"; a redução ou a eliminação da expectativa de lucros ou ganhos de dinheiro e/ou valores mobiliários também não se enquadra na definição de dano material, mas sim na de "perdas financeiras";

XV - dano moral: lesão, praticada por outrem, ao patrimônio psíquico ou à dignidade da pessoa, ou, mais amplamente, aos direitos da personalidade, causando sofrimento psíquico, constrangimento, desconforto, e/ou humilhação, independente da ocorrência conjunta de danos materiais, corporais, ou estéticos; para as pessoas jurídicas, o dano moral está associado a ofensas ao seu nome ou à sua imagem, normalmente gerando perdas financeiras indiretas, não contabilizáveis, independente da ocorrência de outros danos;

XVI - dano patrimonial: todo dano suscetível de avaliação financeira objetiva; subdivide-se em danos emergentes, definidos como aquilo que o patrimônio do prejudicado efetivamente perdeu (abrangem os danos materiais e os prejuízos financeiros), e em perdas financeiras, definidas como redução ou eliminação de expectativa de aumento do patrimônio;

XVII - fato gerador: no seguro de RC D & O, são os atos ilícitos culposos praticados por um segurado, no exercício de suas funções, e que causem danos a terceiros, resultando em processo administrativo formal e/ou judicial contra o segurado, bem como em procedimento arbitral, com o objetivo de obrigá-lo a indenizar os terceiros prejudicados; a garantia do seguro não se aplica nos casos em que os danos causados a terceiros decorram de atos ilícitos dolosos, isto é, praticados pelo segurado comprovadamente com dolo ou culpa grave;

XVIII - limite máximo de garantia da apólice (LMG): representa o limite máximo de responsabilidade da sociedade seguradora, de estipulação opcional, aplicado quando uma reclamação, ou série de reclamações decorrentes do mesmo fato gerador, é garantida por mais de uma das coberturas contratadas; o

RESOLUÇÃO SUSEP Nº 553/2017

LMG da apólice é fixado com valor menor ou igual à soma dos limites máximos de indenizações estabelecidos individualmente para cada cobertura contratada; na hipótese de a soma das indenizações, decorrentes de um mesmo fato gerador, igualar ou superar o LMG, a apólice será cancelada;

XIX - limite máximo de indenização por cobertura contratada (LMI): limite máximo de responsabilidade da sociedade seguradora, por cobertura, relativo a reclamação, ou série de reclamações decorrentes do mesmo fato gerador; os limites máximos de indenização estabelecidos para coberturas distintas são independentes, não se somando nem se comunicando;

XX - limite agregado (LA): valor total máximo indenizável por cobertura no contrato de seguro, considerada a soma de todas as indenizações e demais gastos ou despesas relacionados aos sinistros ocorridos, sendo previamente fixado e estipulado como o produto do limite máximo de indenização por um fator superior ou igual a um; os limites agregados estabelecidos para coberturas distintas são independentes, não se somando nem se comunicando;

XXI - notificação: especificamente no seguro de RC D & O em que se contrata a cláusula de notificações, é o ato por meio do qual a pessoa jurídica contratante do seguro (tomador), ou o segurado, comunicam à seguradora, por escrito, exclusivamente durante a vigência da apólice, fatos ou circunstâncias, potencialmente danosos, ocorridos entre a data limite de retroatividade, inclusive, e o término de vigência da apólice, que poderão levar a uma reclamação no futuro. A comunicação de uma notificação, pelo tomador/segurado, vinculará a apólice em vigor a reclamações futuras de terceiros prejudicados;

XXII - perda: redução ou eliminação de expectativa de ganho ou de lucro, não apenas de dinheiro, mas de bens de uma maneira geral; no caso de tal expectativa se limitar a valores financeiros, como dinheiro, créditos ou valores mobiliários, usa-se a expressão "perdas financeiras";

XXIII - perda indenizável: para fins de definição da cobertura básica da apólice, define-se como perda indenizável os itens indicados abaixo quando decorrentes de uma relação contra o segurado coberta pela apólice:

a) quaisquer Custos de Defesa;

b) indenização; ou

c) acordos, desde que seja com anuência prévia por escrito da seguradora.

XXIV - perdas financeiras: redução ou eliminação de expectativa de ganho ou lucro, exclusivamente de valores financeiros, como dinheiro, créditos e valores mobiliários;

XXV - período de retroatividade: intervalo de tempo limitado inferiormente pela data limite de retroatividade, inclusive, e, superiormente, pela data de início de vigência de uma apólice à base de reclamações;

XXVI - prazo complementar: prazo adicional para a apresentação de reclamações ao segurado, por parte de terceiros, concedido, obrigatoriamente, pela sociedade seguradora, sem cobrança de qualquer prêmio adicional, tendo início na data de cancelamento da apólice ou de seu término de vigência, nesta hipótese quando não houver continuidade do seguro através de contratação de uma nova apólice à base de reclamações;

XXVII - prazo suplementar: prazo adicional para a apresentação de reclamações ao segurado, por parte de terceiros,

RESOLUÇÃO SUSEP Nº 553/2017

oferecido, obrigatoriamente, pela sociedade seguradora, mediante a cobrança facultativa de prêmio adicional, tendo início na data do término do prazo complementar, devendo a sua contratação ser solicitada pelo segurado e/ou pelo tomador, de acordo com procedimentos estabelecidos na apólice;

XXVIII - prejuízo: dano material ou prejuízo financeiro, isto é, lesão física a bem material, ou redução (eliminação) de disponibilidades financeiras concretas; difere de "perda", que se refere à redução ou à eliminação de expectativa de ganho ou lucro de bens de uma maneira geral;

XXIX - prejuízo financeiro: redução ou eliminação de disponibilidades financeiras já existentes, como créditos, dinheiro ou valores mobiliários; difere de "perdas financeiras" no sentido de representarem estas a redução ou eliminação de uma expectativa de ganho ou lucro, e não uma redução concreta de disponibilidades financeiras;

XXX - reclamação: denominação genérica dada às notificações (judiciais ou extrajudiciais) que comunicam a instauração de processo administrativo formal, ação cível e/ou ação penal, contra um segurado, pleiteando reparação (pecuniária ou não) e/ou a sua responsabilização civil e/ou penal, em decorrência de ato, pretensamente danoso, por ele praticado quando no exercício de suas funções no tomador do seguro; são também consideradas reclamações as notificações relativas ao início de procedimentos de arbitragem que visem avaliar atos praticados pelo segurado no exercício de suas funções;

XXXI - segurado: no seguro de RC D & O, na acepção usual do termo, são as pessoas físicas que contratam, ou em benefício das quais uma pessoa jurídica contrata o seguro, quando estas pessoas, durante o período de vigência do seguro, e/ou durante o período de retroatividade, nela ocupem, passem a ocupar, ou tenham ocupado:

a) cargo de Diretor, Administrador ou Conselheiro, ou qualquer outro cargo executivo, para os quais tenham sido eleitas e/ou nomeadas, condicionado a que, se legalmente exigido, a eleição e/ou nomeação tenham sido ratificadas por órgãos competentes;

b) cargo de gestão, para o qual tenham sido contratadas, se a pessoa jurídica for legalmente solidária em relação a atos e decisões praticados por tais pessoas no exercício de suas funções;

XXXII - segurado (por extensão da cobertura): no seguro de RC D & O, são pessoas físicas ou jurídicas que não se enquadrariam na acepção usual do termo, mas que passam à condição de segurados em razão de ter sido contratada extensão da cobertura do seguro especificamente para as mesmas, tais como:

a) pessoas físicas que ocupem, passem a ocupar, ou tenham ocupado os cargos descritos no inciso anterior, nos períodos indicados, em subsidiárias e/ou coligadas da pessoa jurídica (sociedade);

b) pessoas físicas que, por força de dispositivos legais, ocupem, passem a ocupar, ou tenham ocupado, nos períodos indicados, cargos de gestão na pessoa jurídica, e/ou em suas subsidiárias, e/ou em suas coligadas, tais como auditores, depositários, liquidantes e/ou interventores, entre outros;

c) pessoas físicas contratadas pela pessoa jurídica, ou por suas subsidiárias, ou por suas coligadas, ou pelos segurados, para darem assessoria a estes últimos, de qualquer natureza, tais como

RESOLUÇÃO SUSEP Nº 553/2017

advogados, consultores, contadores, secretários particulares, técnicos, entre outros;

d) pessoa jurídica (sociedade), nos casos em que realize adiantamento de valores, e/ou assuma o compromisso de indenizar, pessoas que exerçam funções executivas e/ou cargos de administração, conforme definido em instrumento próprio;

XXXIII - sociedade: neste documento, a palavra é utilizada na acepção dada pelo Código Civil Brasileiro (artigos 981 a 1141); em particular, a sociedade que contrata o seguro de RC D & O em benefício dos segurados é denominada o tomador do seguro.

XXXIV - subsidiária: sociedade controlada por outra sociedade, denominada sociedade controladora:

1. subsidiárias de uma subsidiária da sociedade controladora também são subsidiárias desta última; nestes casos, o controle é considerado indireto;

2. para fins do seguro de RC D & O, o controle, direto ou indireto, deve estar estabelecido antes ou no início da vigência da apólice.

XXXV - coligada: sociedade na qual a investidora tenha influência significativa, nos termos da legislação vigente.

XXXVI - tomador do seguro de RC D & O: é a pessoa jurídica que contrata o seguro D & O em benefício dos segurados, e que se responsabiliza, junto à seguradora, a atuar em nome destes com relação às condições contratuais do seguro, inclusive em relação ao pagamento dos prêmios do seguro (sem ônus para os segurados), assim como, quando solicitado, adiantar para estes, quantias relativas à defesa em juízo civil e/ou a indenizações cobertas pelo seguro.

Art. 4º O seguro de RC D & O é um seguro de responsabilidade civil, contratado por uma pessoa jurídica (tomador) em benefício de pessoas físicas que nela, e/ou em suas subsidiárias, e/ou em suas coligadas, exerçam, e/ou passem a exercer, e/ou tenham exercido, cargos de administração e/ou de gestão, executivos, em decorrência de nomeação, eleição ou contrato de trabalho (segurados), ou pela própria pessoa física.

§ 1º O seguro de RC D & O deve ser contratado com apólice à base de reclamações.

§ 2º Aplicam-se as disposições dos normativos em vigor que regulam as apólices à base de reclamações, exceto:

I - a possibilidade de transformação da apólice para base de ocorrências;

II - aquelas que conflitarem com disposições desta circular.

§ 3º Os planos de seguro de RC D & O com a possibilidade de contratação por pessoa jurídica, e aqueles com a possibilidade de contratação por pessoas físicas, devem ter números de processos, correspondentes aos seus respectivos registros eletrônicos de produtos, distintos.

Art. 5º No seguro de RC D & O, a sociedade seguradora garante aos segurados, quando responsabilizados por danos causados a terceiros, em consequência de atos ilícitos culposos praticados no exercício das funções para as quais tenham sido nomeados, eleitos e/ou contratados, o reembolso das indenizações que forem obrigados a pagar, a título de reparação, por sentença judicial transitada em julgado, ou em decorrência de juízo arbitral, ou por acordo com os terceiros prejudicados, com a anuência da sociedade seguradora.

RESOLUÇÃO SUSEP Nº 553/2017

§ 1º A garantia está condicionada a que tenham sido atendidas as disposições do contrato de seguro, em particular aquelas que regulam as apólices à base de reclamações, bem como as datas de ocorrência dos danos e as datas de apresentação das reclamações.

§ 2º Ao invés de reembolsar o segurado, a seguradora poderá:

I - oferecer a possibilidade de pagamento direto aos terceiros prejudicados;

II - reembolsar o tomador, caso este tenha adiantado, para o segurado, total ou parcialmente, quantias correspondentes às indenizações cobertas por este seguro.

§ 3º A garantia poderá abranger os custos de defesa e os honorários dos advogados dos segurados.

§ 4º Quando da concessão da garantia prevista no § 3º acima, deve haver menção expressa ao direito de regresso da seguradora nos casos em que os danos causados a terceiros decorram de atos ilícitos dolosos, ou em que o segurado reconheça sua responsabilidade.

§ 5º A garantia poderá abranger cobertura de multas e penalidades cíveis e administrativas impostas aos segurados quando no exercício de suas funções, no tomador, e/ou em suas subsidiárias, e/ou em suas coligadas.

§ 6º A garantia não cobre os danos causados a terceiros, aos quais a sociedade tenha sido responsabilizada, em consequência de atos ilícitos culposos praticados por pessoa física, que exerça, e/ou tenha exercido, cargos de administração e/ou de gestão, executivos, exceto se contratada cobertura adicional específica.

§ 7º A garantia prevalece até o limite máximo de indenização (LMI) contratado pelo tomador para cada cobertura, que é aplicável coletivamente a todos os segurados, respeitados os respectivos limites agregados (LA), e, quando cabível, o limite máximo de garantia da apólice (LMG).

§ 8º As sociedades seguradoras não podem atuar concomitantemente como tomador e segurador em seguro de RC D & O que garanta seus próprios executivos, e/ou de suas subsidiárias e/ou de suas coligadas.

Art. 6º Além de outras exclusões previstas em lei, o seguro de RC D&O não cobre os riscos de responsabilização civil dos segurados em decorrência de:

I - danos causados a terceiros, pelos segurados, na qualidade de cidadãos, quando não estiverem no exercício de seus cargos no tomador, e/ou em suas subsidiárias, e/ou em suas coligadas, situação que se enquadra em outro ramo de seguro, o seguro de responsabilidade civil geral (RC Geral);

II - danos causados a terceiros quando no exercício de profissões liberais, fora do exercício de seus cargos no tomador, e/ou em suas subsidiárias, e/ou em suas coligadas, que são enquadrados em outro ramo de seguro, o seguro de responsabilidade civil profissional (RC Profissional);

III - danos ambientais, que são enquadrados em outro ramo de seguro, denominado seguro de responsabilidade civil de riscos ambientais (RC Riscos Ambientais).

Parágrafo único. Os danos causados a terceiros, aos quais a sociedade tenha sido responsabilizada, em consequência de atos ilícitos culposos praticados por pessoa física, que exerça, e/ou tenha exercido, cargos de administração e/ou de gestão, executivos, quando comercializados como cobertura básica, devem ser enquadrados em outro ramo de seguro, denominado Responsabilidade Civil Geral.

RESOLUÇÃO SUSEP Nº 553/2017

Art. 7º As condições contratuais dos planos de seguro de RC D & O devem se apresentar subdivididas em três partes, denominadas condições gerais, condições especiais e condições particulares, cujas características são:

I - as condições gerais reúnem as disposições comuns aplicáveis a todas as coberturas básicas incluídas no plano, sendo obrigatória a presença de:

a) disposições previstas em normativos específicos, inclusive aqueles que regulamentam as apólices à base de reclamações; em particular, os termos relacionados no artigo 3º desta circular devem constar no glossário, desde que utilizados nas condições contratuais, admitindo-se o uso de definições equivalentes àquelas formuladas no referido artigo;

b) cláusula versando sobre a defesa em juízo civil, trabalhista, penal e/ou em processo administrativo e/ou arbitral, na qual fique claro que os segurados podem escolher livremente seus respectivos advogados;

II - as condições especiais estipulam as disposições específicas de cada uma das coberturas básicas presentes no plano, eventualmente inserindo alterações nas condições gerais, sendo obrigatória a presença da cobertura básica principal do seguro, contemplando o artigo 5º desta circular, e abrangendo pessoas que exerçam funções executivas e/ou cargos de administração exclusivamente no tomador do seguro, e facultativa a presença de coberturas básicas que efetuem a extensão do seguro para:

a) pessoas que tenham exercido e/ou passem a exercer, exclusivamente no tomador, funções executivas e/ou cargos de administração para as quais tenham sido nomeadas, eleitas e/ou contratadas;

b) pessoas que exerçam, passem a exercer, e/ou tenham exercido, funções executivas e/ou cargos de administração exclusivamente em subsidiárias do tomador;

c) pessoas que exerçam, passem a exercer, e/ou tenham exercido, funções executivas e/ou cargos de administração exclusivamente em sociedades coligadas ao tomador;

d) pessoas que, por motivos legais, exerçam, passem a exercer, e/ou tenham exercido, funções executivas e/ou cargos de administração gestão, no tomador, e/ou em suas subsidiárias, e/ou em suas coligadas;

e) pessoas que exerçam, passem a exercer, e/ou tenham exercido, funções executivas e/ou cargos de administração em subsidiárias adquiridas ou constituídas pelo tomador após o início da vigência da primeira apólice contratada;

f) pessoas que exerçam, ou passem a exercer, e/ou tenham exercido, funções executivas e/ou cargos de administração em sociedades que se tenham tornado coligadas ao tomador após o início da vigência da primeira apólice contratada;

g) pessoas que não se enquadrem como segurados nas coberturas supramencionadas, mas que assessorem, tenham assessorado, e/ou venham a assessorar segurados, prestando serviços profissionais na qualidade de auxiliares, consultores e/ou técnicos;

h) pessoa jurídica (sociedade), nos casos em que realize adiantamento de valores, e/ou assuma o compromisso de indenizar, pessoas que exerçam funções executivas e/ou cargos de administração, conforme definido em instrumento próprio;

III - as condições particulares alteram as condições gerais e/ou as condições especiais, sendo classificadas como coberturas

RESOLUÇÃO SUSEP Nº 553/2017

adicionais, cláusulas específicas ou cláusulas particulares, conforme a natureza da alteração promovida:

a) as coberturas adicionais cobrem riscos excluídos implícita ou explicitamente nas condições gerais e/ou especiais (por exemplo, danos morais, quando risco excluído); é facultativa a presença de coberturas adicionais que efetuem a extensão do seguro, garantindo a sociedade quando acionada judicialmente, em decorrência de danos causados a terceiros, por atos ilícitos culposos praticados pelo segurado, assim como bens de pessoas relacionadas familiar e/ou legalmente com os segurados, tais como:

1. herdeiros, representantes legais e/ou espólio de segurado que venha a falecer;

2. cônjuge ou companheiro (a) dos segurados;

b) as cláusulas específicas alteram disposições das condições gerais, das condições especiais e/ou de coberturas adicionais, sendo obrigatória a presença de cláusula específica de arbitragem, nos termos da lei, e, quando for o caso, de cláusula específica relativa à opção por cobertura em separado das despesas emergenciais efetuadas pelos segurados ao tentar evitar e/ou minorar os danos, atendidas as disposições do contrato;

c) as cláusulas particulares se aplicam a alterações feitas para segurados específicos, não sendo necessário que constem do plano submetido à Susep, quando não reduzam os direitos daqueles.

Art. 8º Se a contratação de uma cobertura básica, por razões técnicas, exigir a contratação prévia de outra cobertura básica, deve haver menção explícita e destacada ao fato, nas respectivas condições especiais da primeira, além de justificativa na nota técnica atuarial desta.

Art. 9º Se a contratação de uma cobertura adicional, por razões técnicas, exigir a contratação prévia de determinadas coberturas, deve haver menção explícita e destacada ao fato, nas respectivas condições contratuais, além de justificativa na nota técnica atuarial desta.

Art. 10. Para cada cobertura deve ser estipulada a existência de um limite máximo de indenização (LMI) e de um limite agregado (LA).

Parágrafo único. Deve ser ressaltado que os limites máximos de indenização de cada cobertura (LMI), assim como os respectivos limites agregados (LA), não se somam nem se comunicam.

Art. 11. É facultativo estabelecer, nos planos de seguro do seguro de RC D & O, um limite máximo de garantia da apólice (LMG).

Art. 12. São vedadas referências a qualquer tipo de legislação estrangeira, quando o âmbito geográfico de cobertura da apólice for o território nacional.

§ 1º Caso o âmbito geográfico de cobertura se estenda a jurisdições internacionais, será permitida a referência às legislações estrangeiras.

§ 2º É permitido o uso de expressões estrangeiras relativas ao seguro de RC D & O, quando já habitualmente empregadas no mercado segurador brasileiro, desde que traduzidas localmente ou cuja tradução conste do glossário do seguro.

Art. 13. As sociedades seguradoras não poderão comercializar novos contratos do seguro de RC D & O que estejam em desacordo com as disposições desta circular após 180 (cento e oitenta) dias da data de sua publicação.

RESOLUÇÃO SUSEP Nº 553/2017

§ 1º Os planos atualmente em comercialização, que estejam em desacordo com as disposições desta Circular, deverão ser substituídos por novos planos, já adaptados a esta Circular, até a data prevista no caput, mediante a abertura de novo processo administrativo.

§ 2º Após o prazo previsto no caput, todos planos de seguro de RC D & O, cujos respectivos processos administrativos tenham data de abertura anterior à data de publicação desta Circular, serão automaticamente encerrados e arquivados.

§ 3º A partir da publicação desta Circular, os novos planos submetidos à Susep, para análise, já deverão estar adaptados às suas disposições.

§ 4º Os contratos vigentes na data de publicação deste documento, e cujos términos de vigência ocorram:

a) antes do prazo estabelecido no caput, poderão ser renovados, uma única vez, pelo prazo máximo de 1 (um) ano;

b) após o prazo estabelecido no caput, só vigorarão até o fim de suas vigências, não podendo ser renovados.

§ 5º Se os contratos supramencionados utilizarem apólices à base de reclamações, ao fim de suas vigências se aplicarão as disposições relativas à concessão de prazo complementar e prazo suplementar, subordinadas à hipótese de não renovação, estipuladas nos normativos que regulam aquelas apólices.

§ 6º Novos seguros de RC D & O, atendendo as disposições desta circular, substituindo, na mesma sociedade seguradora, os contratos mencionados no parágrafo segundo, acima, deverão adotar a data de retroatividade dos seguros substituídos, facultado à parte contratante do seguro:

a) optar por data de retroatividade posterior; ou

b) anuir com data de retroatividade anterior, quando oferecida pela sociedade seguradora.

Art. 14. Esta circular entra em vigor na data de sua publicação, ficando revogadas as Circulares Susep nº 541, de 14 de outubro de 2016 e nº 546, de 23 de fevereiro de 2017.

JOAQUIM MENDANHA DE ATAÍDES

ÍNDICE DE ASSUNTOS

Abertura de envelopes
  pregão - habilitação, L10520, art. 4º, XII.............................. 146
  pregão - momento, L10520, art. 4º, VII 146
  pregão - proposta, L10520, art. 4º, VII 146
ABNT
  condição de aceitabilidade da proposta, L13303, art. 47 p.ú. 61
Abstinência
  de contratar em razão de vantagem, L8666, art. 95, p.ú. 141
Abuso
  ação de ressarcimento é imprescritível, CF/88, art. 37, § 5º 10
  de poder do acionista controlador, L13303, art. 15 24
  do poder econômico - repressão, CF/88, art. 173, § 4º 11
Acessibilidade
  pessoas com deficiência - mobilidade reduzida, L13303, art. 32, § 1º,
  VI 47
Acionista
  controlador - pessoa jurídica, D8945, art. 25 104
  controlador, D8945, art. 25 104
Acompanhamento gerencial sistemático
  saúde - apresentação anual - Comitê de auditora, R23/2018, art. 14 205
Acordo coletivo de trabalho
  assistência à saúde - limitação, R23/2018, art. 15 205
Acordo de acionistas
  alavancagem financeira, L13303, art. 1º, § 7º, IV 15
  avaliação, L13303, art. 1º, § 7º, V 15
  cláusula de assunção da maioria do capital votante, D8945, art. 77 .. 136

227

Índice de Assuntos

Acordo de acionistas
condicionantes socioambientais, L13303, art. 1º, § 7º, VIII 15
documentos e informações, D8945, art. 9º, I 93
documentos e informações, L13303. art. 1º, § 7º, I 15
informações relevantes, L13303, art. 1º, § 7º, X 15
informe, L13303, art. 1º, § 7º, VII 15
novos aportes, L13303, art. 1º, § 7º, IX 15
orçamento e investimentos, L13303, art. 1º, § 7º, II 15
participações acionárias minoritárias, D8945, art. 73, §1º 134
Política de transações, L13303, art. 1º, § 7º, III 15

Acréscimo
limite, L13303, art. 81, § 1º 79
limite, L13303, art. 81, § 2º 79

Adicional
remuneração variável - Diretoria, D8945, art. 37, §5º 113

Adjudicação
do objeto - fase do procedimento, L13303, art. 51, IX 62
do objeto no pregão, L10520, art. 4º, XX 148
mediante fraude - crime, L8666, art. 90 139
pregão - momento, L10520, art. 4º, XXI 148

Adjudicatário
vantagens ilícitas - penalidade, L8666, art. 92 140

Administração
contrato com inidôneo - crime, L8666, art. 97, p.ú. 141
exploração de atividade econômica - restrições, CF/88, art. 173 10
princípios a que está sujeita, CF/88, art. 37 9

Administrador(es)
avaliação de desempenho - quesitos mínimos, D8945, art. 24, inc.
III 102
empresa estatal - requisito, D8945, art. 28 105
empresa estatal - requisitos, L13303, art. 17 25
experiência profissional mínima, D8945, art. 28, inc. IV 105

Administrador(es)

formação acadêmica - preferencial, D8945, art. 62, §2° 129

formação acadêmica compatível, D8945, art. 28, inc. III 105

formação -acadêmica, D8945, art. 28, §1°... 106

membro do Conselho de Administração, L13303, art. 16, p.u 24

notório conhecimento, D8945, art. 28, inc. II 105

pessoas naturais, D8945, art. 28, §4° 106

regras de eleição, D8945, art. 27 104

remuneração, D8945, art. 27, §1° 104

reputação ilibada, D8945, art. 28, inc. I 105

reputação ilibada, L13303, art. 17 25

seguro de responsabilidade civil, D8945, art. 43 120

verificação da vedação e requisitos, D8945, art. 29 108

Advertência

aplicação juntamente com a multa, L13303, art. 83, § 2° 81

inexecução do contrato, L13303, art. 83, I 80

Advocacia

administrativa é crime - em licitação/contrato, L8666, art. 91 140

Afastar

licitante - por meio de violência, grave ameaça, fraude - crime, L8666, art. 95.. 141

Agente

atribuições no pregão, D3555, A.I, art. 8°, III 155

Alavancagem financeira

condição para a política de participação societária, D8945, art. 9°, §1°, inc. IV 93

Alienação

avaliação formal do bem, L13303, art. 49, I 61

de bens - normas específicas, L13303, arts. 49 e 50 61

de participação em sociedades - licitação dispensada, L13303, art. 28, § 4° 38

dispensa, L13303, art. 29, XVI a XVIII... 41

ÍNDICE DE ASSUNTOS

Alienação
    licitação obrigatória, L13303, art. 49, II 61
    ônus real a bens - sujeição, L13303, art. 50 62

Alteração
    contratual .... *v. também contrato - alteração contratual*
    contratual - não caracterização, L13303, art. 81, § 7º 80
    de edital - de pregão, D3555, A.I, art. 12, § 2º 161
    de registro cadastral - indevida - crime, L8666, art. 98 141
    do contrato - reequilíbrio econômico-financeiro, L13303, art. 81, § 6º 79
    do contrato com aumento de encargos, L13303, art. 81, § 6º 79
    tributos - revisão de preços, L13303, art. 81, § 5º 79

Amostra
    do bem, L13303, art. 47, II 61

Antecipação do pagamento
    pode caracterizar crime, L8666, art. 92 140

Anteprojeto
    de engenharia - contratação semi-integrada, L13303, art. 41, § 1º, I.... 55
    de engenharia - elementos, L13303, art. 42, VII 53
    elaboração - vedação de participar em licitação, L13303, art. 44, I a III 59

Anulação
    competência, L13303, art. 62 69
    contraditório e ampla defesa, L13303, art. 62, § 3º 69
    contratação direta, L13303, art. 62, § 4º 69
    critérios, L13303, art. 62 69
    de pregão - efeitos, D3555, A.I, art. 18 163
    de pregão - não enseja indenização, D3555, A.I, art. 18, § 2º 164
    de pregão - requisitos, D3555, A.I, art. 18 163
    efeitos, L13303, art. 62, §§ 1º e 2º 69

Aplicação
da Lei nº 13.303/2016, art. 1º... 13
do Decreto nº 8.945/2016, art. 1º... 89
dos arts. 41 a 49 da LC nº 123/2006, L13303, art. 28, § 1º.............. 37

Apostilamento
alterações previstas no contrato, L13303, art. 81, § 7º.................... 80
compensações previstas no contrato, L13303, art. 81, § 7º............... 80
reajuste previsto no contrato, L13303, art. 81, § 7º......................... 80

Aquisição
de bens - publicidade, L13303, art. 39, I................................... 50

Arbitragem
possibilidade-divergências, D8945, art. 20.............................. 100
solução de divergências, L13303, art. 12, p.ú......................... 22

Assembleia geral
competência, D8945, art. 27, §3º... 104
competências, D8945, art. 72.. 133
competências, D8945, art. 72, p.u...................................... 133
obrigatoriedade - empresa estatal, D8945, art. 27, §3º.............. 104

Assistência à saúde
limites de custeio, R23/2018, art. 13.................................... 204

Ata
de conselhos - disponibilização para órgãos de controle, L13303, art. 86, § 2º.. 83
do pregão - o que deve conter? D3555, A.I, art. 21, XI.................. 165
do pregão - registro do interesse em recorrer, D3555, A.I, art. 11, XVII.. 160
do pregão eletrônico, D5450, art. 26, § 3º.............................. 183

Atividade(s)
econômica - aplicação do Estatuto Jurídico, L13303, art. 1º............ 13
econômica - exploração direta pelo Poder Público, restrições, CF/88, art. 173... 10
econômica - exploração pelo Estado, L13303, art. 2º.................. 15

Índice de Assuntos

Atualização
monetária - atualização do valor, CF/88, art. 37, XXI 9
Auditor
independente - supervisão, D8945, art. 38, inc. II 113
Auditoria
Comitê Estatutário, D8945, art. 15,inc. III 98
Comitê Estatutário, L13303, art. 9º.III 20
independente-obrigatoriedade, D8945, art. 12 95
interna - atribuições, D8945, art. 17 98
interna - fiscalização - autogestão por operadoras, R22/2018, art. 8º. 197
interna - nomeação de titular - aprovação da CGU, R21/2018, art. 4º 188
interna - nomeação/destituição de titular - R21/2018, art. 1º 187
interna - responsabilidade, L13303, art. 9º, §3º, II 21
interna - verificação da adequação dos benefícios de assistência à saúde, R23/2018, art. 18 205
interna - vinculada ao Conselho de Administração, L13303, art. 9º, §3º, I 21
Autarquia(s)
deve aplicar o pregão, D3555, A.I, art. 1º, p.ú. 152
pregão eletrônico - regulamento, D5450, art. 1º, p.ú. 167
Autoaplicação
regime de licitação e contratação, D8945, art. 71 132
Autogestão
benefício de assistência à saúde - desenquadramento - providências, R23/2018, art. 10º. 204
por operadora - conceito, R22/2018, art. 2º, II 191
por operadora - conceito, R23/2018, art. 2º, II 199
por operadora - saúde - plano de regularização, R22/2018, art. 4º. **§2º** 194
por recursos humanos - conceito, R22/2018, art. 2º, III 191
por recursos humanos - conceito, R23/2018, art. 2º, III 199

Autogestão

por RH - benefício à saúde é vedado às estatais, R23/2018, art. 4º ... 202

por RH - saúde - proposta de regularização, R22/2018, art. 4º. § 1º . 194

tipos, R22/2018, art. 2º, IV.. 192

tipos, R23/2018, art. 2º, IV.. 200

Autor

do PMI - possibilidade de participar da licitação, L13303, art. 31, § 5º

.... 45

do projeto, L13303, art. 31, §5º... 45

Autoridade

atribuições, D3555, A.I, art. 7º... 154

define critérios p/ julgamento, D3555, A.I, art. 8º, III, c................... 155

define objeto no pregão, D3555, A.I, art. 8º, III, a............................. 155

define sanções, D3555, A.I, art. 8º, III, c... 155

designa pregoeiro, D3555, A.I, art. 8º, III, d....................................... 155

justifica necessidade do objeto no pregão, D3555, A.I, art. 8º, III, b 155

no pregão - atribuições, D3555, A.I, art. 8º, III 155

no pregão eletrônico - atribuições, D5450, art. 8º.............................. 170

para anular - pregão, D3555, A.I, art. 18.. 163

para revogar - pregão, D3555, A.I, art. 18.. 163

promoção pessoal - proibição, CF/88, art. 37, § 1º............................ 10

revoga pregão, D3555, A.I, art. 18... 163

Autorização Legislativa

participação em empresa privada - requisitos, D8945, art. 8º, inc.III .. 91

Avaliação

de desempenho - administradores, D8945, art. 24, inc. III................ 102

de desempenho - previsão no Contrato Social, D8945, art. 24, inc. III

.... 102

de desempenho - quesitação mínima, L13303, art. 13, III 23

de desempenho - requisitos mínimos, D8945, art. 24, inc. III........... 102

de impactos de vizinhança - legislação urbanística, L13303, art. 32, § 1º,

IV 47

ÍNDICE DE ASSUNTOS

Avaliação

do desempenho contratual - critério de desempate, L13303, art. 55, II
....65

e monitoramento - operadoras de autogestão - saúde, R22/2018, art. 4º.
....194

técnica e preço, L13303, art. 54, § 5º 64

Aviso(s)

de pregão, o que deve conter? L10520, art. 4º, II................................145

publicidade em Diário Oficial, L13303, art. 51, § 2º..............................63

resumo do edital deve ser publicado, L13303, art. 51, § 2º.................63

BDI

reapresentação, L13303, art. 69, §2º 73

Bem(ns)

aquisição - normas específicas, L13303, arts. 47 e 48............................60

comum - conceito, D5450, art. 2º, § 1º...167

comuns - aquisição - uso obrigatório do pregão, D5450, art. 4º 169

comuns - aquisição - uso preferencial do pregão eletrônico, D5450, art. 4º...169

comuns - conceito, D3555, A.I, art. 3º..152

comuns - conceito, L10520, art. 1º, p.ú..143

comuns - conceito, L13303, art. 32, IV 46

de informática - restrições a aplicação do pregão, D3555, A.I, art. 3º, § 3º...153

indisponibilidade, CF/88, art. 37, § 4º..10

Benefício(s)

assistência à saúde - acompanhamento gerencial sistemático anual - Comitê de Auditoria, R23/2018, art. 14 205

assistência à saúde - acordo coletivo - providência para limitação, R23/2018, art. 15..205

de assistência à saúde - autogestão - não enquadramento - providências, R23/2018, art. 10..204

Benefício(s)

de assistência à saúde - autogestão - requisitos para oferta, R23/2018, art. 9º.. 203

de assistência à saúde - conceito, R22/2018, art. 2º, I...................... 191

de assistência à saúde - conceito, R23/2018, art. 2º, I...................... 199

de assistência à saúde - custeio - conteúdo do relatório, R22/2018, art. 3º... 192

de assistência à saúde - custeio, R23/2018, art. 1º.......................... 199

de assistência à saúde - direito adquirido, R23/2018, art. 8º............ 202

de assistência à saúde - prazo para adequação, R23/2018, art. 17 205

de assistência à saúde para estatal federal - requisito p/ criação, R23/2018, art. 6º.. 202

Cadastro

ampla divulgação, L13303, art. 65, § 1º.. 71

atualização, L13303, art. 65 71

de empresas inidôneas e suspensas - CEIS, L13303, art. 37, §§ 1º e 2º49

de licitantes - dificultar registro - crime, L8666, art. 98 141

procedimento auxiliar, L13303, art. 63, II.. 69

validade, L13303, art. 65 71

Cargo(s)

estatais – permanência - regras, R21/2018, art. 2º............................ 188

nas estatais - prazo máximo de exercício, R21/2018, art. 1º............ 187

outras áreas – permanência - regras, R21/2018, art. 3º..................... 188

Carta anual

do Conselho de Administração, D8945, art. 13, inc. I 95

única - modelo D8945, art. 13, § 1º.. 97

Catálogo eletrônico

conteúdo, L13303, art. 67, p.ú. 72

de padronização, L13303, art. 63, IV 69

menor preço ou maior desconto, L13303, art. 67, p.ú. 72

padronização, L13303, art. 67 72

sistema informatizado, L13303, art. 67... 72

ÍNDICE DE ASSUNTOS

uso, L13303, art. 67, p.ú. 72

Certificação

qualidade do produto, L13303, art. 47, III 61

Sinmetro - qualidade do produto, L13303, art. 47, p.ú. 61

Certificado

de registro cadastral - é crime obstar, impedir ou dificultar a inscrição, L8666, art. 98 141

Cessão

de direitos patrimoniais e autorais, L13303, art. 31, §5º..................... 45

CGU

aprova nomeação de titular da Auditoria, R21/2018, art. 4º............. 188

Classificação

das propostas - atribuições do pregoeiro, L10520, art. 3º, IV 144

no pregão - critério, L10520, art. 4º, X 146

ordem deve ser atendida, L10520, art. 4º, XVI 147

Código de Conduta

da Alta Administração Federal - adequação, D8945, art. 70 132

da Alta Administração Federal - normas de conduta e integridade, D8945, art. 70... 132

Código de Conduta e Integridade

adequação constante, L13303, art. 12, II 22

canal de denúncias, D8945, art. 18, art. III.. 99

conteúdo, D8945, art. 18 99

conteúdo, L13303, art. 9º, §1º, I a VI 20

D8945, art. 18.. 99

divulgação, D8945, art. 18 99

divulgação, L13303, art. 9º, §1º 20

responsabilidade pela atualização, D8945, art. 18, inc. II................... 99

responsabilidade pela atualização, L13303, art. 9º, §1º, II.................. 20

treinamento periódico, D8945, art. 18, art.VI 99

treinamento periódico, L13303, art. 9º, §1º, VI 21

vedação de divulgação de informações, L13303, art. 14, I................... 24

236

Código de Conduta e Integridade
violação - sanções, D8945, art. 18, art. V 99
violação - sanções, L13303, art. 9º, §1º, V 21
Comissão de Valores Mobiliários .... V. também CVM
Comitê de Auditoria
estatutário - autonomia operacional, L13303, art. 24, §7º 34
estatutário - autonomia, D8945, art. 38, §7º.............................. 115
estatutário - competência, L13303, art. 24, §1º 32
estatutário - composição - condições mínimas, D8945, art. 39, §1º.. 115
estatutário - composição - condições mínimas, L13303, art. 25, §1º .. 34
estatutário - composição - experiência profissional, D8945, art. 39, §5º
.... 117
estatutário - composição - vedações, L13303, art. 25, §1º 34
estatutário - composição, D8945, art. 39................................... 115
estatutário - composição, L13303, art. 25 34
estatutário - condições para integrar, D8945, art. 57 127
estatutário - divulgação das atas, D8945, art. 38, §4º 114
estatutário - divulgação das atas, L13303, art. 24, §4º 33
estatutário - dotação orçamentária, L13303, art. 24, §7º............. 34
estatutário - estrutura e práticas, L13303, art. 9º, III 20
estatutário - mandato, D8945, art. 39, §9º................................. 117
estatutário - membros - remuneração, D8945, art. 38, §8º 115
estatutário - membros, D8945, art. 38, §9º 115
estatutário - obrigatoriedade, D8945, art. 24, inc. V.................. 102
estatutário - órgão auxiliador, L13303, art. 24 32
estatutário - relatórios de integridade, D8945, art. 16, §3º 98
estatutário - reuniões mensais, D8945, art. 38, §3º 114
estatutário - subsidiária(s), D8945, art. 24, inc. V...................... 102
estatutário - supervisão - auditor independente, D8945, art. 38, inc. II
.... 113
estatutário - supervisão - controle interno, D8945, art. 38, inc. III.... 113
estatutário - transparência, D8945, art. 38, §4º 114
estatutário - transparência, L13303, art. 24, §4º 33

ÍNDICE DE ASSUNTOS

Comitê de Auditoria
estatutário - vinculado ao Conselho de Administração, L13303, art. 9º, §3º, I....................21
estatutário - constituição e funcionamento, L13303, art. 13, V 23
estatutário - denúncias, D8945, art. 38, §2º 114
monitoramento - plano de saúde - desconformidade, R23/2018, art. 7º 202

Comitê de elegibilidade
competências, D8945, art. 21 100
composição, D8945, art. 21 100
requisitos, D8945, art. 21..............................100
votação, D8945, art. 21,§1º..............................100

Comitê estatutário ....ver também Comitê de Auditoria
competência, L13303, art. 10............................22
divulgação das atas de reuniões, L13303, art. 10.p.ú. 22

Compliance
nomeação/destituição de titular - R21/2018, art. 1º 187
reporte direto ao Conselho de Administração, L13303, art. 9º, §4º....21

Compra(s)
condições de aquisição e pagamento, L8666, art. 15, III..................141
contratação, CF/88, art. 37, XXI 9
pagamento, L8666, art. 15, III 141
saúde - bem comum, L10520, art. 12............................150

Comprasnet
disponibilização do edital do pregão eletrônico, D5450, art. 17, § 1º177

Conceito
autogestão por operadora, R22/2018, art. 2º, II.................191
autogestão por operadora, R23/2018, art. 2º, II.................199
autogestão por recursos humanos, R22/2018, art. 2º, III..................191
autogestão por recursos humanos, R23/2018, art. 2º, III..................199
benefício de assistência à saúde, R22/2018, art. 2º, I............191
benefício de assistência à saúde, R23/2018, art. 2º, I............199

Conceito

bens comuns, D3555, A.I, art. 3º, § 2º 152

bens comuns, L10520, art. 1º, p.ú. 143

custeio de benefício de assistência à saúde, R23/2018, art. 2º, VII ... 200

empresa estatal federal, R22/2018, art. 2º, I 192

empresa estatal federal, R23/2018, art. 2º, X 201

folha de pagamento, R23/2018, art. 2º, VIII 200

folha de proventos, R23/2018, art. 2º, IX 200

plano de saúde, R23/2018, art. 2º, V 200

pregão, D3555, A.I, art. 2º 152

reembolso - assistência à saúde, R23/2018, art. 2º, VI 200

serviços comuns, D3555, A.I, art. 3º, § 2º 152

serviços comuns, L10520, art. 1º, p.ú. 143

termo de referência, D3555, A.I, art. 8º, II 155

Condições

de pagamento - cláusula contratual, L13303, art. 69, III 73

Confidencialidade

da documentação, D8945, art. 45, §2º 122

Conformidade

área - nomeação/destituição de titular - R21/2018, art. 1º 187

Conglomerado estatal

conceito, D8945, art. 2, inc. V 90

Conselheiro(s)

de Administração independente - requisitos, D8945, art. 36, §1º 110

fiscais - critérios obrigatórios, D8945, art. 56 126

fiscal - formação acadêmica - preferencial, D8945, art. 62, §2º 129

fiscal - recondução, D8945, art. 62, §1º 129

independente - características, L13303, art. 22, §1º 29

independentes - conceito, D8945, art. 36, §3º 111

independentes - indicação, D8945, art. 36, §3º 112

Conselho de Administração

25 membros, D8945, art. 36 110

ÍNDICE DE ASSUNTOS

Conselho de Administração

acionistas minoritários - representação, D8945, art. 55 126

ausência nas subsidiárias - nomeação submete-se à Controladora, R21/2018, art. 5° 189

avalia os diretores, D8945, art. 32, inc. IV 109

competências, D8945, art. 32 108

competências, L13303, art. 23, §2° 31

composição mínima, D8945, art. 52 125

composição, D8945, art. 36 110

composição, L13303, art. 22 29

delegação de competências, D8945, art. 8°, §3° 92

diretor - requisitos específicos, D8945, art. 24, inc. II 102

empresa estatal - obrigatoriedade, D8945, art. 31 108

empresa estatal - ressalva, D8945, art. 31 108

facultativo - subsidiária(s), D8945, art. 10°, §1° 94

gestão de riscos e controle interno, D8945, art. 32, inc. II 109

independência, L13303, art. 14, II 24

membros, D8945, art. 24, inc. I 102

metas, D8945, art. 37, §3° 112

nome e destitui titulares - empresas estatais, R21/2018, at. 1° 187

número de membros, L13303, art. 13, I 23

obrigações, D8945, art. 37, §3° 112

participação - limite, D8945, art. 35 110

participação, D8945, art. 33 109

plano de regularização - autogestão por operadora - saúde, R22/2018, art. 4°. §2° 194

plano de regularização - autogestão por RH - saúde, R22/2018, art. 4°. §1° 194

política de divulgação de informações, D8945, art. 32, inc. III 109

remuneração mensal, D8945, art. 34 110

representante dos acionistas, D8945, art. 33, inc. II 109

representante dos empregados, D8945, art. 33, inc.I 109

requisitos - formulário, D8945, art. 30, § 1° 108

Conselho de Administração

suplente - vedação, D8945, art. 32, §2º 109

vedação, D8945, art. 29 106

vedação, D8945, art. 35 110

vedada a indicação, L13303, art. 17, § 2º 26

verificação da vedação e requisitos, D8945, art. 30 108

Conselho Fiscal

administração - eleição, D8945, art. 22 101

administração - indicação - acionistas minoritários, D8945, art. 22, §4º

.... 101

administração - indicação - acionistas minoritários, D8945, art. 22, §4º

.... 118

administração - indicação, D8945, art. 22 100

escolha dos membros, L13303, art. 26, §2º 36

membro - requisito, D8945, art. 24, inc. IX 103

membros-critérios, D8945, art. 41 118

obrigatoriedade, D8945, art. 24, inc. IV 102

participação nos lucros - vedação, D8945, art. 40, §1º 118

requisitos, L13303, art. 26, §2º 36

Consórcio

de empresa - liderança - pregão, D3555, A.I, art. 17, VII 163

de empresa - obrigações solidárias, D3555, A.I, art. 17, VI 163

de empresa - requisitos para a participação no pregão, D3555, A.I, art.
17 162

de empresa - vedações, D3555, A.I, art. 17, V 163

de empresas - participação em pregão eletrônico - exigências, D5450,
art. 16 175

submissão à Lei 13.303, L13303, art. 1º, §6º, ... 14

Conteúdo informacional

acesso aos órgãos de controle, L13303, art. 86 82

disponibilização das demonstrações contábeis - internet, L13303, art.
86, § 1º 82

ÍNDICE DE ASSUNTOS

Conteúdo informacional

divulgação conforme normas da CVM, L13303, art. 8º, § 3º 20

divulgação mensal de informações, L13303, art. 88 84

proteção de informações estratégicas, L13303, art. 88, § 1º 84

Contrarrazões

recurso no pregão, prazo, L10520, art. 4º, XVIII 147

Contratação

integrada .... v também regime(s)

integrada - definição, L13303, art. 42, VI 53

integrada - orçamento, L13303, art. 42, § 2º, I e II 56

integrada - restrita a obras e serviços de engenharia, L13303, art. 41, § 1º 55

integrada injustificada - ausência de projeto básico, L13303, art. 42, § 5º 57

obras e serviços - normas específicas, L13303, arts. 42 a 46 52

semi-integrada .... *v também regime(s)*

semi-integrada - definição, L13303, art. 42, V 52

semi-integrada - restrita a obras e serviços de engenharia, L13303, art. 41, § 1º 55

semi-integrada - utilização preferencial, L13303, art. 42, § 4º 57

semi-integrada e integrada - requisitos, L13303, art. 41, § 1º, I a IV 55

Contratado

direitos - manutenção da proposta, CF/88, art. 37, XXI 9

encargos trabalhistas - responsabilidade, L13303, art. 77 76

obrigações, L13303, art. 76 76

Contratante

assinatura - só ocorrerá se o licitante continuar habilitado, D3555, A.I, art. 11, XXI 160

Contrato

alteração - cláusula contratual, L13303, art. 69, VII 73

alteração - possibilidades, L13303, art. 81, I a VI 77

alteração - somente por acordo entre as partes, L13303, art. 72 75

242

Contrato

alteração com aumento de encargos, L13303, art. 81, § 6º 79

atualização da garantia, L13303, art. 70, § 2º 74

celebração - com empresa inidônea, L8666, art. 97 141

cláusula com possibilidades de alteração, L13303, art. 81 77

cláusulas necessárias, L13303, art. 69 72

consórcio - registro deve preceder a celebração, D3555, A.I, art. 17, p.ú. 163

convocação dos remanescentes, L13303, art. 75, § 2º, I 75

convocação para assinatura, L13303, art. 75 75

de patrocínio - fortalecimento da marca, L13303, art. 27, § 3º 37

de patrocínio - LC 123, L13303, art. 28, § 2º 38

dispensa do termo, L13303, art. 73 75

duração, L13303, art. 71, I e II 74

empresa inidônea - crime, L8666, art. 97 141

formalização, L13303, arts. 68 a 81 72

ordem de classificação, L13303, art. 61 68

permitido o conhecimento por qualquer interessado, L13303, art. 74 75

prazo indeterminado - vedação, L13303, art. 71, p.ú. 74

prorrogação do prazo de convocação, L13303, art. 75, § 1º 75

recursos orçamentários - disponibilidade, D3555, A.I, art. 19 164

rescisão - cláusula contratual, L13303, art. 69, VII 73

revisão de preços, L13303, art. 81, § 5º 79

simultâneo - possibilidade, L13303, art. 46 60

vigência, L13303, art. 71, I e II 74

Controle

acesso a documentação sigilosa, D8945, art. 38, § 6º 115

acesso irrestrito a documentação, D8945, art. 45, §1º 122

acesso irrestrito pela fiscalização, L13303, art. 85, § 1º 82

acesso irrestrito pelos órgãos de controle, L13303, art. 88, § 2º 84

acionário - acionista controlador responde por abuso de poder, L13303, art. 15 24

acionário - dever do acionista controlador, L13303, art. 14 23

ÍNDICE DE ASSUNTOS

Controle

acionário - participação de empresa pública - dever de fiscalizar, L13303. art. 1º, §7º 14

CGU - limite, D8945, art. 50.. 125

critérios de fiscalização pela investidora, L13303, art. 1º, §7º, I a X 14

cumprimento da R21/2018, art. 7º 189

da sociedade de economia mista, L13303, art. 4º, § 1º.......................... 17

deve preservar a autonomia da estatal, D8945, art. 49 124

divulgação das atividades - transparência, L13303, art. 8º, III 18

empresa estatal, D8945, art. 26.. 104

externo - fiscalização das estatais, D8945, art. 45 121

externo - representação, L13303, art. 87, § 2º...................................... 84

externo e interno - corresponsabilidade pelo sigilo, L13303, art. 85, § 2º......

externo e interno - fiscalização, L13303, art. 85 81

fiscalização aplicável às empresas transnacionais, L13303, art. 85, § 3º
.... 82

fiscalização pelas três esferas de governo, L13303, art. 85 81

hierárquico - deve ser exercido nos limites da legislação, L13303, art. 89
.... 84

interno - estruturas e práticas, L13303, art. 9º, I a III 20

interno - fiscalização das estatais, D8945, art. 45 121

interno - nomeação/destituição de titular - R21/2018, art. 1º 187

interno - práticas, D8945, art. 15.. 98

interno e externo - quando podem solicitar documentos, L13303, art. 87, § 3º... 84

Ministério da Transparência - limite, D8945, art. 50.......................... 125

não pode interferir na gestão, L13303, art. 90 85

obrigação de adoção de medidas determinadas pelo, L13303, art. 87, § 3º 84

órgãos de - acesso a atas dos conselhos, L13303, art. 86, § 2º 83

órgãos de - acesso a banco de dados, L13303, art. 86.......................... 82

proporcional ao risco do negócio, L13303, art. 1º, §7º........................ 14

realizado pelo sistema de controle interno, L13303, art. 87................. 83

Controle

tribunal de contas - limite, D8945, art. 50 125

tribunal de contas competente, L13303, art. 87 83

Convênio

atividades culturais, L13303, art. 27, § 3º 37

para fortalecimento da marca, L13303, art. 27, § 3º 37

parâmetros para celebração, D8945, art. 44, §3º. 120

Convocação

para pregão - como se faz? D3555, A.I, art. 11, I 156

Corregedoria

nomeação/destituição de titular - R21/2018, art. 1º 187

Credenciamento

no pregão - como se faz? D3555, A.I, art. 11, IV 158

no pregão eletrônico - como ocorre? D5450, art. 3º, § 1º........ 168

no pregão eletrônico - exige registro no SICAF, D5450, art. 3º, § 2º 169

p/ vários pregões eletrônicos, D5450, art. 3º, § 3º 169

pregão eletrônico, quem está sujeito ao prévio? D5450, art. 3º.......... 168

Crime

afastamento de licitante, L8666, art. 94 140

celebração de contrato com pessoa inidônea, L8666, art. 97 141

comprometimento do caráter competitivo, L8666, art. 90 139

condenação impede nomeação - Diretoria das operadoras de autogestão, R22/2018, art. 5º, XI e § 2º 196

contra a Administração, L8666, arts. 89 a 98 139

contratação indevida, L8666, art. 89 139

deixar de observar formalidades na contratação direta, L8666, art. 89 139

devassar sigilo da proposta, L8666, art. 94 140

dispensa ilegal de licitação, L8666, art. 89 139

fraudar os objetivos da licitação - suspensão temporária, L13303, art. 84, II 81

fraudar/impedir o procedimento, L8666, art. 93 140

Índice de Assuntos

Crime

fraudes contra a Fazenda Pública, L8666, art. 96 141

impedir registro cadastral, L8666, art. 98 141

inexigibilidade ilegal, L8666, art. 89 139

mercadoria - deteriorada, L8666, art. 96, II 141

mercadoria - falsa, L8666, art. 96, II 141

modificação ou vantagem a favor do adjudicatário, L8666, art. 92 140

obstar inscrição de licitante, L8666, art. 98 141

onerar injustamente o contrato, L8666, art. 96, V 141

pagamento de fatura - fora de ordem, L8666, art. 92 140

pagamento de fatura - indevida, L8666, art. 92 140

pagamento s/ observância da ordem cronológica, L8666, art. 92 140

patrocínio de interesse privado, L8666, art. 91 140

penas, L8666, arts. 89 a 98 139

prática de atos ilícitos - suspensão temporária, L13303, art. 84, II e III
.... 81

preço superfaturado, L8666, art. 96, I 141

prorrogação contratual s/ previsão legal, L8666, art. 92 140

qualidade alterada, L8666, art. 96, IV 141

quantidade alterada, L8666, art. 96, IV 141

quebra de sigilo, L8666, art. 94 140

tipos legais, L8666, arts. 89 a 98 139

tipos penais - Lei nº 8.666/1993 - arts. 89 a 99, L13303, art. 41 52

violência ou grave ameaça contra licitante, L8666, art. 95 141

Critério(s)

de aceitabilidade de preços - bens e serviços, L13303, art. 56, §4º 67

de julgamento .... *v. Julgamento*

de julgamento - contratações semi-integradas e integradas, L13303, art. 42, III 56

de julgamento - maior desconto - publicidade, L13303, art. 39, I, II e III
.... 51

de julgamento - maior desconto - vedação ao sigilo, L13303, art. 34, § 1º 48

Critério(s)

de julgamento - melhor combinação de técnica e preço - contratações semi-integradas e integradas, L13303, art. 42, III 56

de julgamento - melhor técnica - vedação ao sigilo, L13303, art. 34, §2º 48

de julgamento - menor preço - contratações semi-integradas e integradas, L13303, art. 42, III 56

de julgamento - menor preço - publicidade, L13303, art. 39, I, II e III 51

Curso...v. Treinamento

Custeio

assistência à saúde - limites, R23/2018, art. 13............................. 204

benefício de assistência à saúde - conceito, R23/2018, art. 2º, VII.... 200

benefício de assistência à saúde - vedações às estatais, R23/2018, art. 12 204

empresa - assistência à saúde - direito adquirido, R23/2018, art. 8º.. 202

empresa estatal federal - limites, R23/2018, art. 3º 201

CVM

regras de escrituração - observância, D8945, art. 12 95

Dano

direito de regresso, CF/88, art. 37, § 6º.. 10

responsabilidade do contratado, L13303, art. 76 76

Decadência

do direito de recurso no pregão, se falta manifestação imediata, L10520, art. 4º, XX 148

Declaração

de inidoneidade - contratado pela Administração - crime, L8666, art. 97, p.ú.. 141

de inidoneidade - desconsideração na licitação - crime, L8666, art. 97 141

de inidoneidade - para licitar - crime, L8666, art. 97 141

falsa - de habilitação no pregão, L10520, art. 7º 149

Índice de Assuntos

Decreto nº 1.091/1998
    alterações, D8954, art. 75..135
    D8954, art. 75..135

Decreto nº 2.594/1998
    alterações, D8954, art. 76..135
    Programa Nacional de Desestatização, D8954, art. 76............135

Decreto nº 2.673/1998
    alterações, D8954, art. 74..134
    D8954, art. 74..134

Decreto nº 3.555/2000
    abrangência, D3555, A.I, art. 1º, p.ú. 152
    pregão .... ver pregão
    regula o pregão para aquisição de bens e serviços comuns 151

Decreto nº 3.693/2000
    alterações já incluídas no Decreto nº 3.555/00 .... 153, 157, 159, 160

Decreto nº 5.450/2005......................v. também pregão eletrônico
    regulamento do pregão eletrônico 167

Decreto nº 8.945/2016
    aplicação...89
    regulamenta a Lei nº 13.303 89

Defeito
    do objeto - crime, L8666, art. 96, IV 141

Defesa
    judicial ou administrativa - inexigibilidade, L13303, art. 30, II, e 43

Definição(ões) ....v. também Conceito
    anteprojeto de engenharia, L13303, art. 42, VII................................53
    contratação integrada, L13303, art. 42, VI..53
    contratação semi-integrada, L13303, art. 42, V..................................52
    empreitada integral, L13303, art. 42, IV 52
    empreitada por preço global, L13303, art. 42, II 52
    empreitada por preço unitário, L13303, art. 42, I 52
    tarefa, L13303, art. 42, III 52

Denúncia

canal, D8945, art. 18, art. III 99

canal, D8945, art. 18, art. IV 99

comitê de Auditoria Estatutário, D8945, art. 38, §2º...................... 114

descumprimento do Código de Conduta e Integridade, D8945, art. 18, art. III 99

descumprimento do Código de Conduta e Integridade, L13303, art. 9º, §1º, III 21

proteção contra retaliações, D8945, art. 18, art. IV 99

proteção contra retaliações, L13303, art. 9º, §1º, IV 21

Desclassificação

acima do orçamento estimado, L13303, art. 56, IV 66

demonstração da exequibilidade, L13303, art. 56, V 66

desconformidade com o edital, L13303, art. 56, VI 66

descumprimento de especificações, L13303, art. 56, II 66

no pregão, L10520, art. 4º, XVI 147

preços inexequíveis, L13303, art. 56, III 66

vícios insanáveis, L13303, art. 56, I 66

Desconexão

do pregoeiro - recebimento de lances - continuação, D5450, art. 24, § 10 180

do pregoeiro - sessão - encerramento, D5450, art. 24, § 10 180

Desconto

critério de julgamento, L13303, art. 54, § 4º, I 64

obras e serviços de engenharia, L13303, art. 54, § 4º, II 64

Desempate

ME/EPP - LC 123, L13303, art. 28, § 1º 37

Desistência

de licitar em razão de vantagem - crime, L8666, art. 95, p.ú. 141

no pregão, L10520, art. 4º, XX 148

Índice de Assuntos

Dever

de enquadrar - benefício à saúde, R23/2018, art. 9º, p.ú. 203

de pagar .... ver pagamento

Diário oficial

da União - prazo para publicar extrato dos contratos, D3555, A.I, art. 20...164

do ente federado ou jornal de circulação local - aviso de pregão deve ser publicado no, L10520, art. 4º, I...145

publicidade dos avisos, L13303, art. 51, § 2º 63

Direito(s)

adquirido - assistência à saúde - adequação e respeito, R23/2018, art. 16..205

adquirido - assistência à saúde-, R23/2018, art. 8º............................202

adquirido - benefício à saúde, R23/2018, art. 9º, p.ú. 203

autorais, L13303, art. 80 77

de preferência..*v. também desempate*

de preferência - dispensa, D8945, art. 73 133

do licitante - cidadão - impugnação ao edital, D3555, A.I, art. 12 161

patrimoniais e autorais - cessão, L13303, art. 31, §5º..........................45

patrimoniais e autorais, L13303, art. 80...77

real de uso - recurso no pregão - restrições, L10520, art. 4º, XXI 148

Diretor(es)

deve residir no País, D8945, art. 28, §5º..106

Diretoria

executiva - composição mínima, D8945, art. 53.................................125

executiva - operadoras de autogestão em saúde - requisitos para nomeação, R22/2018, art. 5º...195

indicação - vedações, D8945, art. 29...106

obrigações, D8945, art. 37, §1º...112

prazo de gestão, D8945, art. 24, inc. VII 103

prazo para retorno, D8945, art. 24, §3º..103

recondução, D8945, art. 24, §3º...103

recondução, D8945, art. 62 129

Diretriz(es)

acessibilidade, L13303, art. 32, § 1º, VI.. 47

maior vantagem competitiva, L13303, art. 32, II............................ 46

nas licitações e contratos, L13303, art. 32 45

padronização da minuta de contrato, L13303, art. 32, I.................. 46

padronização do Edital, L13303, art. 32, I...................................... 46

padronização do objeto, L13303, art. 32, I...................................... 46

parcelamento do objeto, L13303, art. 32, III.................................. 46

política de integridade, 13303, art. 32, V.. 46

pregão - modalidade preferencial, L13303, art. 32, IV................... 46

sustentabilidade, L13303, art. 32, § 1º, I a III................................. 47

Dispensa

alienação - ações - títulos, L13303, art. 29, XVIII 41

alienação de bens, L13303, art. 29, XVI 41

alienação de bens, L13303, art. 29, XVII 41

alta complexidade tecnológica, L13303, art. 29, XIII 41

aquisição - de peças durante o período de garantia, L13303, art. 29,
VIII... 40

associação de pessoas com deficiência física, L13303, art. 29, IX 40

atribuição de ônus real a bens, L13303, art. 50............................... 62

cabimento, L13303, art. 29, I a XVIII... 38

coleta seletiva de lixo, L13303, art. 29, XII 40

compra - serviços de pequeno valor, L13303, art. 29, II 39

compra e venda de ações - títulos, L13303, art. 29, XVIII............. 41

compra ou locação de imóvel, L13303, art. 29, V 39

concessionário - energia elétrica - gás natural fornecimento, L13303, art.
29, X.. 40

contratação de instituição brasileira, L13303, art. 29, VII 39

contratação de remanescente, L13303, art. 29,.V e § 1º 39

crime, L8666, art. 89... 139

defesa nacional, L13303, art. 29, XIII 41

doação para fins de interesse social, L13303, art. 29, XVII.................. 41

ÍNDICE DE ASSUNTOS

Dispensa

elementos p/ instrução, L13303, art. 30, § 3º......................................43

empresa pública com sua subsidiária, L13303, art. 29, XI....................40

inexistência de interessados, L13303, art. 29, III..................................39

instituição científica, tecnológica e de inovação, L13303, art. 29, XIV 41

não comparecimento de interessados, L13303, art. 29, III....................39

objeto com pertinência com serviço público, L13303, art. 29, X.........40

pequeno valor - alteração, L13303, art. 29, § 3º..................................42

período de garantia, L13303, art. 29, VIII...40

pesquisa e desenvolvimento, L13303, art. 29, XIV..............................41

pesquisa e ensino, L13303, art. 29, VII...39

pessoas com deficiência física, L13303, art. 29, IX..............................40

por emergência, L13303, art. 29, XV e § 2º..41

preços superiores aos do mercado, L13303, art. 29, IV........................39

quando não acudirem interessados, L13303, art. 29, III.......................39

recuperação social do preso, L13303, art. 29, VII................................39

situação de urgência, L13303, art. 29, XV e § 2º.................................41

superfaturamento de preços, L13303, art. 29, IV.................................39

transferência para a administração pública, L13303, art. 29, XVI 41

Distrito Federal

Estatais do, Estatuto Jurídico, L13303, art. 1º.....................................13

princípios a que está sujeito, CF/88, art. 37...9

Divergências

arbitragem, D8945, art. 20...100

Dividendos e juros

Decreto nº 2.673/98 , D8954, art. 74..134

Divulgação........................ V. também publicidade, transparência

as aquisições de bens, L13303, art. 48...61

na internet, D8945, art. 71, inc. VI...132

obrigatória da pré-qualificação, L13303, art. 64, §7º..........................70

política, L13303, art. 8º, IV...18

publicidade em Diário Oficial, L13303, art. 51, § 2º...........................63

registro cadastral, L13303, art. 65, § 1º.. 71

Documento(s)

de habilitação, L13303, art. 58, I a IV.. 67

dispensa no pregão para integrantes do SICAF, D3555, A.I, art. 13, p.ú. 161

dispensa no pregão para integrantes do SICAF, L10520, art. 4º, XIV 147

falsos no pregão, gera sanção, L10520, art. 7º 149

Edital

a aquisição não é exigida no pregão, L10520, art. 5º, II 148

alteração - publicidade, L13.303, art. 39, p.ú. 51

contratações semi-integrada e integrada - conteúdo, L13303, art. 41, § 1º, I 55

de pregão deve ser divulgado e disponibilizado, L10520, art. 4º, IV . 145

do pregão - definir bem/serviço comum, L10520, art. 1º, p.ú. 143

do pregão - o que deve conter? L10520, art. 4º, III 145

do pregão eletrônico - impugnação - prazo, D5450, art. 18............... 177

do pregão eletrônico - modificação - exigências, D5450, art. 20 178

do pregão eletrônico - o que deve conter? D5450, art. 17, § 2º 177

do pregão eletrônico - publicação, D5450, art. 17, § 3º 177

esclarecimentos no pregão, D3555, A.I, art. 12 161

local para exame do edital de pregão, L10520, art. 4º, II 145

matriz de riscos - contratações semi-integrada e integrada, L13303, art. 41, § 1º, I 56

pregão - prazo para impugnação, D3555, A.I, art. 12 161

pregão eletrônico - disponibilização - comprasnet, D5450, art. 17, § 1º 177

Eficiência

princípio constitucional - aplicação, CF/88, art. 37 9

Eleição

conselho fiscal - procedimento, D8945, art. 22, §3º........................... 101

Índice de Assuntos

Emolumentos
vedação a cobrança no pregão, D3555, A.I, art. 15, III 162

Empate(s)
avaliação do desempenho contratual, L13303, art. 55, II..................... 65
critérios de desempate, L13303, art. 55.. 65
disputa entre licitantes empatados, L13303, art. 55, I......................... 65
solução, L13303, art. 55... 65
sorteio, L13303, art. 55, IV.. 65

Empregado(s)
menor nível salarial - reembolso - assistência à saúde, R23/2018, art. 12,
§ 1º.. 204
novos - vedado oferecer benefício à saúde, R23/2018, art. 11 204

Empreitada...*v também regime(s)*
integral - definição, L13303, art. 42, IV... 52
por preço global - definição, L13303, art. 42, II.................................. 52
por preço unitário - definição, L13303, art. 42, I................................ 52

Empresa estatal
administrador, D8945, art. 28 105
assembleia geral - D8945, art. 27, §3º.. 104
banco de dados, D8945, art. 59... 128
cargos - prazo, R21/2018, art. 1º.. 187
conceito, D8945, art. 2, inc. I.. 89
constituição, L13303, art. 2º... 16
critérios adicionais para participação em empresas privadas, D8945, art.
58, p.u. 128
de menor porte - receita operacional bruta, D8945, art. 51, §1º........ 125
de menor porte - receita operacional, D8945, art. 51, §1º................. 125
diretoria, D8945, art. 37 112
domiciliada no exterior - fiscalização, D8945, art. 45 121
exploradora de atividade econômica, D8945 art. 3º............................. 90
federal - conceito, R22/2018, art. 2º, V.. 192
federal - conceito, R23/2018, art. 2º, X.. 201

Empresa estatal

federal - limites ao custeio - benefícios à saúde, R23/2018, art. 3º 201

federal - vedações à criação de benefício à saúde, R23/2018, art. 4º . 202

interesse coletivo, D8945, art. 44, §1º.. 120

interesse público, D8945, art. 13, § 2º.. 97

obrigações e responsabilidades, L13303, art. 8º, § 2º 19

parâmetros para celebração de convênio, D8945, art. 44, §3º.............. 120

participação em empresa privada – requisitos, D8945, art. 8º.............. 91

registro na CVM, D8945, art. 10, §2º.. 94

sociedade anônima, D8945, art. 11 94

transnacional - fiscalização, D8945, art. 45, §3º................................. 122

Empresa pública

conceito, D8945, art. 2, inc. II 89

constituição, D8945 art. 4º... 91

constituição, L13303, art. 2º, § 1º 16

contrato de patrocínio, L13303, art. 27, § 3º 37

convênio, L13303, art. 27, § 3º 37

definição, L13303, art. 3º... 16

dependente, L13303, art. 1º, § 2o 14

econômica - exploração pelo Estado, L13303, art. 2º 15

estatuto jurídico, L13303, art. 1º... 13

exploradora de atividade econômica, L13303, art. 1º, § 2º 14

função social, L13303, art. 27.. 36

interesse coletivo, L13303, art. 27 36

obrigações e responsabilidades, L13303, art. 8º, § 2o 19

participação de outro ente público, L13303, art. 3º, p.ú....................... 16

práticas de sustentabilidade, L13303, art. 27, § 2º............................... 36

pregão eletrônico - regulamento - subordinação, D5450, art. 1º, p.ú. 167

regida por estatuto específico, CF/88, art. 173, § 1º............................. 10

restrição aos privilégios fiscais, CF/88, art. 173, § 2º........................... 11

subsidiárias - criação - depende de autorização legislativa, L13303, art.
2º§2º... 16

sujeita-se à licitação, CF/88, art. 173, § 1º, III...................................... 11

ÍNDICE DE ASSUNTOS

Empresa pública
sujeita-se ao regime privado, CF/88, art. 173, § 1º, II 11
vedações, L13303, art. 11 22

Empresa(s)
controladas direta ou indiretamente pela União - Decreto nº 1.091/98 ,
D8954, art. 75.. 135
estrangeira - requisitos para habilitação no pregão, D3555, A.I, art. 16
.... 162
inidônea - proibição de licitar, L8666, art. 97 141
investidora - dever de fiscalizar, L13303, art. 1º, §7º............................ 14
privada participação da empresa estatal - requisitos, D8945, art. 8º..... 91
subsidiária .... V. também Subsidiária(s)
subsidiária - regida por estatuto jurídico, CF/88, art. 173, § 1º 10
subsidiária - sujeita-se à licitação, CF/88, art. 173, § 1º, III.................. 11
subsidiária - sujeita-se ao regime privado, CF/88, art. 173, § 1º, II...... 11

Energia
redução do consumo, L13303, art. 32, § 1º, III 47

Envelope(s)
devassar - crime, L8666, art. 94.. 140
no pregão, L10520, art. 4º, VII 146
quando devem ser entregues no pregão? D3555, A.I, art. 11, V 158

Equilíbrio econômico-financeiro
direito do contratado, CF/88, art. 37, XXI 9
princípio constitucional, CF/88, art. 37, XXI 9
reestabelecimento mediante alteração contratual, L13303, art. 81, VI 78
reestabelecimento por aditamento, L13303, art. 81, § 6º...................... 79

Equipe de apoio
do pregoeiro - características recomendadas, L10520, art. 3º, § 1º..... 144
do pregoeiro - maioria deve ser de servidores, L10520, art. 3º, § 1º... 144
Ministério da Defesa - militar - possibilidade, D5450, art. 10, § 2º...172
no pregão - Ministério da Defesa - Militar, D3555, A.I, art. 10, p.ú. .156
no pregão - Ministério da Defesa/Militar, L10520, art. 3º, § 2º.........144

Equipe de apoio

no pregão - quem designa, L10520, art. 3º, IV.................................. 144

no pregão - quem designa? D3555, A.I, art. 8º, III, d 155

no pregão - quem deve integrá-la, L10520, art. 3º, § 1º 144

no pregão - quem deve integrá-la? D3555, A.I, art. 10.................. 156

pregão eletrônico - atribuições, D5450, art. 12 173

pregão eletrônico - designações, D5450, art. 10 172

pregão eletrônico - integrantes, D5450, art. 10, § 1º 172

Erário

ações de ressarcimento, são imprescritíveis, CF/88, art. 37, § 5º 10

princípios a que está sujeito, CF/88, art. 37 9

ressarcimento, CF/88, art. 37, § 4º 10

Esclarecimentos

sobre pregão - prazo para requerê-los, D3555, A.I, art. 12 161

Estado(s)

estatais do - Estatuto Jurídico, L13303, art. 1º 13

princípios a que está sujeito, CF/88, art. 37.................................... 9

Estatal.. ver Empresa estatal

Estatuto

atribuições da área de gestão de riscos, L13303, art. 9º, §2º 21

conteúdo, D8945 art. 5º 91

conteúdo, L13303, art. 6º 17

diretrizes e restrições previstas em lei, L13303, art. 13, I a VIII 22

jurídico - empresa pública, L13303, art. 1º.................................... 13

jurídico - empresas públicas, SEM, CF/88, art. 173, § 1º 10

práticas de gestão de riscos e controle interno, L13303, art. 6º 17

regras de governança, L13303, art. 6º... 17

regras de transparência, L13303, art. 6º... 17

social - avaliação de desempenho, D8945, art. 24, inc. III 102

social - objeto social, D8945, art. 13, inc. II................................... 95

social - regras mínimas, D8945, art. 24 102

solução de divergências com arbitramento, L13303, art. 12, p.ú........ 22

ÍNDICE DE ASSUNTOS

Estudos técnicos preliminares...54
Exequibilidade
    critérios para aferição – bens e serviços, L13303, art. 56, §4º 67
    critérios para aferição - obras e serviços de engenharia, L13303, art. 56, §3º, I e II 66
    das propostas - diligências, L13303, art. 56, §2º....................................66
    dos preços - desclassificação, L13303, art. 56, III 66
    não demonstrada - desclassificação, L13303, art. 56, V 66

Experiência profissional
    membro - Comitê de Auditoria Estatutário D8945, art. 28, inc. IV .. 117
    mínima -administrador(es) D8945, art. 28, inc. IV.............................105

Falsidade
    de documentação, sanção, L10520, art. 7º 149

Falsificação
    de mercadoria - crime, L8666, art. 96, II 141

Fase(s)
    apresentação de lances ou propostas, L13303, art. 51, III 62
    divulgação, L13303, art. 51, II 62
    do procedimento de licitação, L13303, art. 51.....................................62
    efetividade - negociação, L13303, art. 57 67
    efetividade – ordem da negociação, L13303, art. 57, § 1º 67
    efetividade dos lances ou propostas, L13303, art. 51, V 62
    habilitação, L13303, art. 51, VII..62
    inversão de fases - exceção, L13303, art. 51, § 1º 62
    inversão momentos para interposição, L13303, art. 59, § 2º 68
    inversão prazos para interposição, L13303, art. 59, § 2º.....................68
    julgamento, L13303, art. 51, IV...62
    negociação, L13303, art. 51, VI...62
    preparatória, L13303, art. 51, I..62
    recursal única, L13303, art. 59 68
    recursal, L13303, art. 51, VIII 62

Fase(s)

verificação da efetividade dos lances ou propostas, L13303, art. 56, §1º 66

verificação da efetividade dos lances ou propostas, L13303, art. 56, I a VI 66

Fator de risco ....ver também Risco(s)

transparência, D8945, art. 13, inc. III 95

Favorecimento ....v. também desempate e preferência

do contratado - crime, L8666, art. 92 140

Fax

no pregão eletrônico - serve à habilitação, D5450, art. 25, § 2º 181

Fazenda

pública - reversão da arrecadação de multa, L8666, art. 99, § 2º 142

Ferramentas eletrônicas

disponibilização pela empresa pública, L13303, art. 32, § 4º 47

Fiscalização

de obras ou serviços - inexigibilidade, L13303, art. 30, II, d 43

pela Sociedade, D8945, art. 47 123

Folha

de pagamento - conceito, R23/2018, art. 2º, VIII 200

de proventos - conceito, R23/2018, art. 2º, IX 200

Força maior

reequilíbrio - alteração contratual, L13303, art. 81, VI 78

Forma(s)

de fornecimento - cláusula contratual, L13303, art. 69, II 72

Formação acadêmica compatível

administrador(es), D8945, art. 28, inc. III 105

Fornecimento

modificação - alteração contratual, L13303, art. 81, IV 78

Fraude ....v. também crime

à licitação - crime, L8666, art. 90 139

ÍNDICE DE ASSUNTOS

Fraude..**v. também crime**

à licitação - crime, L8666, art. 96 141

fiscal - gera sanção, pregão, L10520, art. 7° 149

fiscal gera suspensão temporároa, L13303, art. 84, I 81

Função

de pregoeiro - militar, L10520, art. 3°, § 2° 144

de pregoeiro - que pode exercer, L10520, art. 3°, IV 144

de pregoeiro - quem pode exercer? D3555, A.I, art. 7°, p.ú. 154

pública - perda, CF/88, art. 37, § 4° 10

social - sociedade de economia mista, L13303, art. 27............... 36

social -empresa pública, L13303, art. 27 36

Fundação

pública - deve aplicar o pregão, D3555, A.I, art. 1°, p.ú. 152

pública - pregão eletrônico - regulamento - subordinação, D5450, art. 1°, p.ú. 167

Fundos especiais

devem aplicar o pregão, D3555, A.I, art. 1°, p.ú. 152

pregão eletrônico - regulamento - subordinação, D5450, art. 1°, p.ú. 167

Garantia(s)

atualização monetária, L13303, art. 70, § 4° 74

cláusula contratual, L13303, art. 69, V...................................... 73

da proposta - maior oferta de preços, L13303, art. 58, IV 68

de proposta - vedada no pregão, D3555, A.I, art. 15, I 162

de proposta é vedada no pregão, L10520, art. 5°, I 148

descontada da multa de mora, L13303, art. 82, § 2° 80

liberação, L13303, art. 70, § 4° 74

limite, L13303, art. 70, §§ 2° e 3°.. 74

perda do adiantamento pela falta de pagamento, L13303, art. 58, § 2°

.... 68

previsão, L13303, art. 70 74

substituição.– cláusula contratual, L13303, art. 81, III.............. 78

260

Gestão de risco................ver Risco(s) e Fator de risco, *ver Risco(s)*

área de integridade, D8945, art. 15,inc. II 98

auditoria interna, D8945, art. 15,inc. III 98

e controle - independência, D8945, art. 16 98

e controle - práticas, D8945, art. 15 98

e controle, D8945, art. 15 98

nomeação/destituição de titular - R21/2018, art. 1º 187

regras, L13303, art. 9º 20

Governança

ausência de regulamentação. L.13.303, art. 1º, §4º 14

benefícios de saúde, R22/2018, art. 1º 191

coorporativa, D8945, art. 13, inc. VIII 96

dever de fiscalizar sociedade empresarial controlada. L13303. art. 1º, §7º 14

divulgação da carta anual - transparência, D8945, art. 13, inc. I 95

divulgação da carta anual - transparência, L13303, art. 8º, VIII 19

divulgação das políticas e práticas - transparência, L13303, art. 8º, III 18

estabelecimento de regras pelo Poder Executivo. L.13.303, art. 1º, §3º 14

processo aferido pela auditoria interna, L13303, art. 9º, §3º, II 21

regras de – previsão no estatuto, L13303, art. 6º 17

Habilitação

consórcio - pregão, D3555, A.I, art. 17, II 163

de licitante em pregão eletrônico - documentação exigida, D5450, art. 14 174

documentos podem ser dispensados se constam do SICAF, L10520, art. 4º, XIV 147

empresa estrangeira - no pregão - requisitos, D3555, A.I, art. 16 162

exigida no procedimento - obrigação do contratado, L13303, art. 69, IX 73

fase do procedimento, L13303, art. 51, VII 62

inversão de fase, L13303, art. 51§ 1º 62

no pregão - momento, L10520, art. 4º, XII 146

ÍNDICE DE ASSUNTOS

Habilitação
no pregão - requisitos, L10520, art. 4º, XIII 147
no pregão eletrônico - verificação, D5450, art. 25, § 1º 181
parâmetros, L13303, art. 58, I a IV... 67
perdida entre a homologação e a assinatura do contrato, D3555, A.I,
art. 11, XXI 160
pregão - documentação - substituição, D3555, A.I, art. 13, p.ú. 161
pregão - documentação atualizável na própria sessão, D3555, A.I, art.
11, XIII.. 159
pregão - requisitos, D3555, A.I, art. 13... 161
pregão - sucede a seleção de proposta, D3555, A.I, art. 11, XIII 159
registro cadastral, L13303, art. 65.. 71

Homologação
consequências, L13303, art. 60... 68
do pregão - ato prévio à assinatura, L10520, art. 4º, XXII 148
do pregão - momento, L10520, art. 4º, XXII 148
do resultado, L13303, art. 51, X 62

Igualdade
princípio constitucional - aplicação, CF/88, art. 37, XXI 9

Impedimento
de licitar e contratar, D3555, A.I, art. 14 162
de licitar e contratar, L10520, art. 7º... 149
de licitar e contratar, L13303, art. 38, I a VIII................................ 49
de licitar, L13303, art. 44, I a III.. 59
de participar de contrato – fornecedor incluído no CEIS, L13303, art.
37, § 1º.. 49

Impessoalidade
princípio constitucional - aplicação, CF/88, art. 37........................ 9

Imprensa
oficial - publicação do aviso do pregão, L10520, art. 4º, I 145

Improbidade
suspensão de direitos políticos, CF/88, art. 37, § 4º 10

Impugnação

ato convocatório para pregão - prazo, D3555, A.I, art. 12 161

do edital do pregão eletrônico - prazo, D5450, art. 18 177

edital - de pregão - o acolhimento, efeitos, D3555, A.I, art. 12, § 2º . 161

prazos, L13303, art. 87, § 1º 83

quem pode impugnar edital, L13303, art. 87, § 1º 83

Inexigibilidade

atribuição de ônus real a bens, L13303, art. 50 62

casos, L13303, art. 30, I e II 42

elementos p/ instrução, L13303, art. 30, § 3º 43

exclusividade, L13303, art. 30, I 42

fornecedor exclusivo, L13303, art. 30, I 42

hipóteses, L13303, art. 30, I e II 42

ilegal - crime, L8666, art. 89 139

inviabilidade de competição, L13303, art. 30, caput 42

justificação, L13303, art. 30,§ 3º, I 43

processamento, L13303, art. 30, §3º 43

serviços técnicos especializados, L13303, art. 30, II 42

sobrepreço – superfaturamento - responsabilidade, L13303, art. 30, §2º 43

Inscrição

em registro cadastral - crime de impedimento, L8666, art. 98 141

Integridade

autonomia, D8945, art. 16, §2º 98

Interesse público

da empresa estatal, D8945, art. 13, § 2º 97

manifestação, L13303, art. 8º, §1º 19

Internet

disponibilização das demonstrações contábeis, L13303, art. 86, § 1º.. 82

divulgação .... V. também publicidade

meio de convocação de pregão, D3555, A.I, art. 11, I, item 2 157

Índice de Assuntos

Interpretação

das normas de licitação, D3555, A.I, art. 4º, p.ú..................................154

Interstício .... **ver Prazo**

3 anos - nova ocupação de cargo, R21/2018, art. 1º, §3º 188

Intimação

de recurso p/ contrarrazões, é automática no pregão, L10520, art. 4º, XVIII 147

Invalidação ....**ver nulidade**

Jornal

de grande circulação - publicidade no pregão, L10520, art. 4º, I........145

Julgamento

critérios, L13303, art. 54,.I a VIII 63

definição de parâmetros no edital, L13303, art. 54, § 2º.....................64

maior desconto - critérios, L13303, art. 54, § 4º, I e II 64

maior desconto - obras e serviços, L13303, art. 54, § 4º, II 64

maior desconto - preço global, L13303, art. 54, § 4º, I 64

maior retorno econômico– desconto da remuneração, L13303, art. 79 77

maior retorno econômico– finalidade, L13303, art. 54, § 6º 65

maior retorno econômico, L13303, art. 54, § 2º 64

melhor combinação de técnica e preço – ponderação, L13303, art. 54, § 5º 64

melhor combinação de técnica e preço, L13303, art. 54, § 2º.............64

melhor conteúdo artístico, L13303, art. 54, § 2º 64

melhor destinação de bens alienados – descumprimento da finalidade, L13303, art. 54, § 8º 65

melhor destinação de bens alienados – finalidade, L13303, art. 54, § 7º 65

melhor técnica, L13303, art. 54, § 2º 64

no pregão - critério, D3555, A.I, art. 8º, V 156

vantagens não previstas no edital, L13303, art. 54, § 3º.....................64

Justificativa

da contratação no pregão é necessária, L10520, art. 3º, I 144

Justo preço

princípio do pregão, D3555, A.I, art. 4º 153

Lance(s)

como se efetuam no pregão? D3555, A.I, art. 11, VIII 158

desistência em apresentar - conseqüências, D3555, A.I, art. 11, X 159

ferramentas eletrônicas - disponibilização, L13303, art. 32, § 4º 47

inexistência - o que deve ser feito? D3555, A.I, art. 11, XI 159

intermediários - critério, L13303, art. 53, p.ú. I e II 63

intermediários, L13303, art. 53, I 63

no pregão eletrônico - sistema, D5450, art. 24 179

no pregão eletrônico - válido, D5450, art. 24, § 3º 179

vencedor – readequação da proposta, L13303, art. 69, §2º 73

vencedor não aceito - procedimento, D3555, A.I, art. 11, XV 159

vencedor sem habilitação - procedimento, D3555, A.I, art. 11, XV .. 159

Legalidade

princípio constitucional - aplicação, CF/88, art. 37 9

Lei nº 6.385/1976

sujeita a sociedade de economia mista, L13303, art. 4º, § 2º 17

Lei nº 6.404/1976

ação de reparação, L13303, art. 15, § 1º 24

acionista controlador, D8945, art. 26 104

administrador de empresa, D8945, art. 27 104

aplica-se a assembleia geral, D8945, art. 72, p.u 133

aplica-se ao conselho fiscal, D8945, art. 40 117

aplica-se às empresas estatais de capital fechado, L13303, art. 7º 18

deveres e responsabilidades da controladora, L13303, art. 4º, § 1º 17

lei das Sociedades Anônimas. consórcio. submissão à Lei 13.303,
L13303. art. 1º, §5º 14

vincula o administrador, L13303, art. 16 24

Índice de Assuntos

Lei nº 8.248/1991
critério de desempate, L13303, art. 55, III 65
Lei nº 8.666/1993
aplicação ....*v também crime*
aplica-se subsidiariamente ao pregão, L10520, art. 9º 149
critério de desempate, L13303, art. 55, III 65
Lei nº 8.883/1994
alterações já incluídas na Lei nº 8.666/1993 140
Lei nº 9.656/1998
exigências regulatórios - benefícios de saúde, R22/2018, art. 4º 194
Lei nº 10.520/2002
institui a modalidade pregão 143
modalidade preferencial, L13303, art. 32, IV 46
Lei nº 12.846/2013
aplicação às empresas estatais, D8945, art. 61 129
publicidade das sanções no CEIS, L13303, art. 37 49
ressalva na aplicação da Lei Anticorrupção, L13303, art. 94 86
Lei nº 13.303/2016
aplicação 13
regulamentada pelo Decreto nº 8.945/16 89
Licitação
admissão de licitante inidôneo - crime, L8666, art. 97 141
afastamento de licitante por violência - crime, L8666, art. 95 141
dispensada, L13303, art. 28, § 3º 38
dispensar ou inexigir ilegalmente - crime, L8666, art. 89 139
dispensável, L13303, art. 29 38
esclarecimentos - sobre pregão, D3555, A.I., art. 12 161
exclusiva – ME/EPPP - . L13303, art. 28, § 1º 37
fraudar o caráter competitivo - crime, L8666, art. 90 139
impedir, frustrar ou fraudar - crime, L8666, art. 93 140
modalidade preferencial - pregão, L13303, art. 32, IV 46
normas gerais, CF/88, art. 22, XXVII 9

Licitação

obrigatória - prestação de serviços, aquisição, locação, alienação, serviços de engenharia e de publicidade, L13303, art. 28 37

obrigatória p/ compras, serviços, obras e alienações, CF/88, art. 37, XXI... 9

patrocínio de interesse privado, L8666, art. 91 140

possibilitar vantagem não prevista no edital - crime, L8666, art. 92 .. 140

prazo de divulgação, L13303, art. 39, I a III 50

prévia............................. v. também procedimentos licitatórios anteriores

prévia............................. v. também licitações anteriores

princípio constitucional, CF/88, art. 37, XXI 9

restrita - pré-qualificação, L13303, art. 64, § 2º 70

técnica e preço - tipificação criminal, L8666, arts. 89 a 97 139

Licitante

inidôneo - participar de licitação é crime, L8666, art. 97, p.ú........... 141

interessado - pregão eletrônico - atribuições, D5450, art. 13............ 173

pregão eletrônico - habilitação - documentação exigida, D5450, art. 14 174

que retarda o pregão - penalidades, D3555, A.I, art. 14..................... 162

Mantenedora

operadora de benefício à saúde - estatal não pode ser, R23/2018, art. 5º 202

Marca

indicação, L13303, art. 47, I 60

Matriz de Riscos.. *v. Risco(s)*

ME/EPP

aplicação dos arts. 42 a 49 da LC 123, L13303, art. 28, § 1º............. 37

Meio eletrônico

serve convocação para pregão, via internet, D3555, A.I, art. 11, I, item 2 157

ÍNDICE DE ASSUNTOS

Menor porte
receita operacional bruta - cálculo, D8945, art. 51, §2º...................125
receita operacional bruta, D8945, art. 51.................................125
tratamento diferenciado, D8945, art. 51................................125

Menor preço
critério de julgamento no pregão, D3555, A.I, art. 8º, V...................156
pregoeiro pode negociar com vencedor, L10520, art. 4º, XVII.........147

Mercado
compatibilidade de preços - condições de pagamento, L8666, art. 15, III
....141

Metas
reflexo financeiro, D8945, art. 37, §5º.................................113

Metodologia
expedita, L13303, art. 42, §2º, II......................................57
paramétrica, L13303, art. 42, §2º, II...................................57

Militar
pode ser pregoeiro? D3555, A.I, art. 10, p.ú..........................156
pode ser pregoeiro? L10520, art. 3º, § 2º.............................144

Ministério do Planejamento
banco de dados das empresas estatais, D8945, art. 59. 128

Minuta
do contrato - deve integrar edital de pregão, L10520, art. 4º, III 145

Modalidade
obrigatória - p/ aquisição de bens e serviços comuns - pregão, D5450,
art. 4º..169
preferencial - p/ aquisição de bens e serviços comuns - pregão
eletrônico, D5450, art. 4º..169
pregão, L10520...143

Modo(s) de disputa
aberto - possibilidades, L13303, art. 53, I e II 63
aberto, L13303, art. 52, § 1º..63
combinado, L13303, art. 52...63

268

Murilo Jacoby Fernandes

Modo(s) de disputa
    fechado - acesso nos termos da Lei nº 12.527/2011, L13303, art. 35 48
    fechado, L13303, art. 52, § 2º 63
    lances intermediários, L13303, art. 53, I.. 63
    utilização, L13303, art. 52.. 63

Monopólio
    estatal em regime - aplicação do Estatuto Jurídico, L13303, art. 1º 13

Moralidade
    princípio constitucional - aplicação, CF/88, art. 37 9

Multa
    aplicação cumulativa, L13303, art. 82, § 1º 80
    cobrada judicialmente, L13303, art. 82, § 3º 80
    descontada da garantia, L13303, art. 82, § 2º 80
    descontada dos pagamentos devidos, L13303, art. 82, § 3º 80
    inexecução - aplicação cumulativa, L13303, art. 83, § 2º 81
    inexecução - descontada da garantia, L13303, art. 83, § 1º 81
    inexecução - descontada dos pagamentos devidos, L13303, art. 83, § 1º
    81
    inexecução de contrato, L13303, art. 83, II 80
    judicial - arrecadação, L8666, art. 99, § 2º 142
    judicial - limites p/ cálculo, L8666, art. 99, § 1º 142
    pena, L8666, art. 99 142
    por infração penal, L8666, arts. 89 a 98.. 139
    precedida por processo administrativo, L13303, art. 82, § 2º 80
    previsão no edital, L13303, art. 82 e 83, II 80

Município(s)
    estatais do - Estatuto Jurídico, L13303, art. 1º 13
    princípios a que está sujeito, CF/88, art. 37 9

Negociação
    pelo pregoeiro - quando é cabível? D3555, A.I, art. 11, XVI 160
    pelo pregoeiro - quando é cabível? L10520, art. 4º, XVII 147
    pelo pregoeiro, quando é cabível? D5450, art. 24, § 8º 180

ÍNDICE DE ASSUNTOS

Norma(s)
    complementares - assistência à saúde - competência da SCGEEF, R23/2018, art. 19...205
    de conduta e integridade - Código de Conduta da Alta Administração Federal, D8945, art. 70...132
    geral de licitação, CF/88, art. 22, XXVII...9

Notória especiaização
    conceito, L13303, art. 30, §1º...43
    serviço técnico especializado, L13303, art. 30, II..........................42

Notório conhecimento
    administrador(es) D8945, art. 28, inc. II..105

Nulidade
    de atos no pregão, L10520, art. 4º, XIX..147
    de contrato, quando houver advocacia administrativa, L8666, art. 91 140
    de licitação, quando houver advocacia administrativa, L8666, art. 91 140
    pregão - efeitos, D3555, A.I, art. 18..163
    pregão - não enseja indenização, D3555, A.I, art. 18..................163
    pregão - não enseja indenização, D3555, A.I, art. 18, § 2º.........164
    pregão - requisitos, D3555, A.I, art. 18...163

Objeto
    alteração substancial - fraude, L8666, art. 96, II..........................141
    cláusula contratual necessária, L13303, art. 69, I..........................72
    da licitação, L13303, art. 33...47
    deteriorado - fraude, L8666, art. 96, V..141
    do contrato, L13303, art. 33...47
    falso por verdadeiro - fraude, L8666, art. 96, II............................141
    no pregão, como deve ser a definição? L10520, art. 3º, II.........144
    pregão - como deve ser a definição? L10520, art. 3º, III.............144

Obra(s)

contratação - necessidade de licitação, CF/88, art. 37, XXI 9

e serviço de engenharia - contratação, L13303, art. 42, § 4º 57

e serviço de engenharia - dispensa, L13303, art. 29, I 38

e serviços de engenharia - exequibilidade da proposta, L13303, art. 56, §3º, I e II 66

Operadora

de autogestão de benefícios de saúde - rotinas de avaliação, R22/2018, art. 4º 194

de autogestão em saúde - representantes - requisitos, R22/2018, art. 5º 195

Orçamento .... v. também despesa

base para estimativa, L13303, art. 42, II 56

de referência e o custo global de obras e serviços de engenharia, L13303, art. 31, § 2º 45

detalhado, L13303, art. 42, §2º, I 57

deve constar dos autos do pregão, L10520, art. 3º, III 144

estimado - contratações semi-integradas e integradas, L13303, art. 42, II 56

metodologia de elaboração, L13303, art. 42, II 56

sintético, L13303, art. 42, II 56

Ordenador de despesa .... v. também autoridade

quando atua no pregão? D3555, A.I, art. 8º, III 155

Órgãos de controle

acesso a documentação, D8945, art. 38, §6º 115

Ouvidoria

nomeação/destituição de titular - R21/2018, art. 1º 187

Padronização

catálogo eletrônico - procedimento auxiliar, L13303, art. 63, IV 69

catálogo eletrônico, L13303, art. 67 72

conteúdo do catálogo eletrônico, L13303, art. 67, p.ú. 72

indicação de marca, L13303, art. 47, I 60

ÍNDICE DE ASSUNTOS

Pagamento..........................**v. também dever - de pagar e reajuste**
    modificação - alteração contratual, L13303, art. 81, V 78
    vedada a antecipação, L13303, art. 81, V..78
Parcelamento
    do objeto – modo de disputa, L13303, art. 52.......................................63
    do objeto, L13303, art. 32, III..46
    limites mínimos, L13303, art. 32, III...46
Parente(s)
    nomeação vedada - diretoria executiva - operadoras de autogestão,
    R22/2018, art. 5°, 1°..197
Participação
    indireta - conceito, L13303, art. 44, § 3º..59
    vedações, L13303, art. 44 59
Patrimônio
    cultural, histórico, arqueológico e imaterial - autorização, L13303, art.
    32, § 2º..47
    cultural, histórico, arqueológico e imaterial - proteção, L13303, art. 32,
    § 2º..47
Patrocínio
    contrato - parâmetros para celebração, D8945, art. 44, §4º................121
Pena(s)
    cláusula contratual, L13303, art. 69, VI 73
Penalidade..**ver sanções**
Período eleitoral
    vedação - publicidade, D8945, art. 60, § 2º..128
Pessoa jurídica
    de direito privado - responde por danos causados, CF/88, art. 37, § 6º
   10
    de direito público - responde por danos causados, CF/88, art. 37, § 6º
   10
    responsabilidade, CF/88, art. 173, § 5º..11

Planilha(s)

de custos - deve conter definição do objeto do pregão, D3555, A.I, art. 8º, III, a 155

de preços - no pregão eletrônico - forma de encaminhamento, D5450, art. 25, § 6º 182

reapresentação, L13303, art. 69, §2º 73

Plano

de metas - autogestão de RH - prazo, R22/2018, art. 7º 197

de metas - operadoras de autogestão - prazo, R22/2018, art. 6º 197

de negócios, D8945, art. 37, §1º 112

de saúde - conceito, R23/2018, art. 2º, V 200

de saúde - desconformidade - Comitê de monitoramento, R23/2018, art. 7º 202

de saúde - desconformidade - prazo para regularização, R23/2018, art. 7º, p. ú. c/c art. 17 202

PMI

para atender necessidades previamente identificadas, L13303, art. 31, §§ 4º e 5º 45

Poder

econômico - abuso, repressão, CF/88, art. 173, § 4º 11

Política

de divulgação de dividendos, D8945, art. 13, inc. V 96

de divulgação de informações, D8945, art. 13, inc. IV 96

de Integridade nas transações com partes interessadas, L13303, art. 32, V 46

de participação societária - requisitos, D8945, art. 9º, §1º 93

de participação societária - conteúdo, D8945, art. 9º 92

de transações - observância, D8945, art. 71, inc. V 132

de transações, D8945, art. 13, inc. VII 96

Prazo

adequação dos benefícios à saúde, R23/2018, art. 17 205

aprovação da estratégia de longo prazo, L13303, art. 95 86

ÍNDICE DE ASSUNTOS

Prazo
avaliação de desempenho, L13303, art. 13, III....................................23

cláusula contratual, L13303, art. 69, IV 73

exercício de cargo nas estatais - prorrogação, R21/2018, art. 1º· § 1º.187

exercício de cargo nas estatais, R21/2018, art. 1º 187

gestão do Conselho de Administração, L13303, art. 13, VI................23

gestão do Conselho Fiscal, L13303, art. 13, VIII................................23

mínimo entre edital de pregão e propostas, D3555, A.I, art. 11, III..157

mínimo p/ apresentação de proposta ao pregão, L10520, art. 4º, V..145

p/ impugnação do edital do pregão eletrônico, D5450, art. 18 177

para adaptação à Lei, L13303, art. 91 85

para adaptação do estatuto social, D8945, art. 64..............................130

para impugnação, L13303, art. 87, § 1º..83

política de transações com parte relacionadas - revisão, L13303, art. 8º,
VII 19

prescrição da ação de reparação, L13303, art. 15, § 2º 24

prorrogação da convocação para assinar contrato, L13303, art. 75, § 1º
....75

recurso no pregão, L10520, art. 4º, XVIII 147

União - publicação - extrato dos contratos, D3555, A.I, art. 20 164

Preço(s)
atualização monetária - cláusula contratual, L13303, art. 69, III..........73

inexequíveis - desclassificação, L13303, art. 56, III 66

reajustamento - cláusula contratual, L13303, art. 69, III 73

unitários - alteração contratual, L13303, art. 81, §3º............................79

Preferência ....v. também desempate

Pregão
a que se aplica? L10520, art. 1º 143

aplica-se subsidiariamente a Lei nº 8.666/93, L10520, art. 9º 149

atos - que devem ser documentados, D3555, A.I, art. 21 164

atos - que ensejam penalidades, D3555, A.I, art. 14 162

atos prévios necessários à sessão pública, L10520, art. 4º, VI............145

Pregão

atribuições da autoridade competente, D3555, A.I, art. 7º 154

como deve ser a definição do objeto, L10520, art. 3º, II 144

como deve ser a definição do objeto? D3555, A.I, art. 8º, I 155

como deve ser a definição? D3555, A.I, art. 8º, III, a 155

como se efetuam os lances? D3555, A.I, art. 11, VIII 158

conceito, D3555, A.I, art. 2º 152

condições p/ declarar o vencedor, L10520, art. 4º, XV 147

condutas passíveis de sanção, L10520, art. 7º 149

critério de julgamento, D3555, A.I, art. 8º, V 156

critério p/ julgamento e classificação de propostas, L10520, art. 4º, X
.... 146

definições prévias necessárias, L10520, art. 3º, I 144

direito dos licitantes, D3555, A.I, art. 6º 154

edição de normas complementares, D3555, A.I, art. 2º 152

edital deve ser divulgado e disponibilizado, L10520, art. 4º, IV 145

efeitos do acolhimento de recurso, D3555, A.I, art. 11, XIX 160

fase externa, regras, L10520, art. 4º 145

fase preparatória, o que deve observar? D3555, A.I, art. 8º 154

fase preparatória, o que deve observar? L10520, art. 3º 144

intenção de recorrer deve ser expressa, L10520, art. 4º, XVIII 147

meio de convocação de interessados, L10520, art. 4º, I 145

melhor oferta inabilitada, conseqüências, L10520, art. 4º, XVI 147

modalidade obrigatória p/ aquisição de bens e serviços comuns,
D5450, art. 4º 169

momento da habilitação, L10520, art. 4º, XII 146

o que deve - constar do edital e dos avisos? D3555, A.I, art. 11, II 157

o que deve constar do aviso? L10520, art. 4º, II 145

o que deve constar dos autos? D3555, A.I, art. 8º, IV 155

o que deve constar dos autos? L10520, art. 3º, III 144

o que deve constar dos autos? L10520, art. 8º 149

o que deve conter o edital? L10520, art. 4º, III 145

o que deve ser exigido das consorciadas? D3555, A.I, art. 17 162

Índice de Assuntos

Pregão

o que deve ser observado na fase externa? D3555, A.I, art. 11 156

o que é vedado? L10520, art. 5º, ... 148

o que não deve ser exigido dos licitantes? D3555, A.I, art. 15 162

o que pode ser exigido para a habilitação dos licitantes? D3555, A.I, art. 13... 161

o que pode ser objeto? D3555, A.I, art. 1º 152

objetivo, D3555, A.I, art. 3º 152

objeto, L10520, art. 1º.. 143

orçamento deve constar dos autos, L10520, art. 3º, III 144

pode ser eletrônico, L10520, art. 2º, § 1º 143

prazo - mínimo entre publicação e propostas, D3555, A.I, art. 11, III 157

prazo - para impugnação do ato convocatório, D3555, A.I, art. 12.... 161

prazo - para juntar memoriais - recurso, D3555, A.I, art. 11, XVII 160

prazo mínimo p/ apresentação de proposta, L10520, art. 4º, V........ 145

prazo p/ contrarrazões, L10520, art. 4º, XVIII.............................. 147

princípios aplicáveis, D3555, A.I, art. 4º 153

princípios básicos, D5450, art. 5º 170

princípios correlatos, D5450, art. 5º 170

proposta - vencedora inaceitável - procedimento, D3555, A.I, art. 11, XV... 159

proposta retirada gera sanção, L10520, art. 7º 149

publicidade da convocação, D3555, A.I, art. 11, I 156

quando deve ser aplicado? D3555, A.I, art. 3º 152

quando não pode ser aplicado? D3555, A.I, art. 5º 154

quem deve aplicar? D3555, A.I, art. 1º, p.ú. 152

quem deve integrar a equipe de apoio? D3555, A.I, art. 10 156

quem estabelece critério de aceitação das propostas? D3555, A.I, art. 8º, III, c 155

quem pode dar lance verbal? L10520, art. 4º, IX 146

quem pode dar lance verbal? L10520, art. 4º, VIII 146, 176

Pregão

recurso - interesse deve ser registrado em ata, D3555, A.I, art. 11, XVII
.... 160

restrições à aquisição de bens de informática, D3555, A.I, art. 3º, § 3º
.... 153

sanções aplicáveis, L10520, art. 7º.. 149

valor é ilimitado, D3555, A.I, art. 1º... 152

vencedor que se nega a assinar contrato, procedimento, L10520, art. 4º,
XXIII 148

Pregão eletrônico

adjudicação do objeto - momento, D5450, art. 27 183

alienações - inaplicabilidade, D5450, art. 6º 170

ata - de julgamento, D5450, art. 26, § 3º 183

autor do lance não pode ser identificado durante a sessão, D5450, art.
24, § 5º.. 180

autoridade competente - atribuições, D5450, art. 8º 170

caso em que o bloqueio de acesso deve ser requerido, D5450, art. 3º, §
4º.. 169

como o Judiciário e o Legislativo podem usar? D5450, art. 2º, § 5º .. 168

como ocorre o credenciamento? D5450, art. 3º, § 1º.......................... 168

como se participa? D5450, art. 21, § 1º... 178

como se procedem aos lances? D5450, art. 24 179

credenciamento - no provedor, D5450, art. 3º 168

credenciamento de licitante - requisitos, D5450, art. 3º, § 2º............ 169

declaração - de estar habilitado - requisitos, D5450, art. 21, § 2º 178

desconexão do pregoeiro - recebimento de lances - continuação, D5450,
art. 24, § 10 180

desconexão do pregoeiro - sessão - encerramento, D5450, art. 24, § 11
.... 180

é seguro? D5450, art. 2º, § 3º.. 168

edital - disponibilização - comprasnet, D5450, art. 17, § 1º 177

edital - impugnação - prazo, D5450, art. 18 177

edital - modificação - exigências, D5450, art. 20 178

ÍNDICE DE ASSUNTOS

Pregão eletrônico

edital - o que deve conter? D5450, art. 17, § 2º..................................177

edital - publicação, D5450, art. 17, § 3º..................................177

encerramento da etapa de lances, D5450, art. 24, § 6º.......................180

entidade promotora tem apoio técnico, D5450, art. 2º, § 4º 168

equipe de apoio - atribuições, D5450, art. 12..................................173

equipe de apoio - designações, D5450, art. 10 172

equipe de apoio - integrantes, D5450, art. 10, § 1º..................................172

exclusivo em portais de compras – acesso público - internet, L13303, art. 32, § 3º..................................47

fase competitiva - início, D5450, art. 24 179

fase externa - exigências, D5450, art. 17..................................176

fase externa - início, D5450, art. 17 176

fase preparatória - tarefas, D5450, art. 9º..................................171

habilitação - declaração falsa - penalidades, D5450, art. 21, § 3º........178

habilitação - verificação, D5450, art. 25, § 1º..................................181

habilitação pode ser enviada por fax, D5450, art. 25, § 2º 181

homologação da licitação - momento, D5450, art. 27 183

interessados - procedimento - acompanhamento - possibilidade, D5450, art. 7º..................................170

julgamento das propostas - critérios, D5450, art. 2º, § 2º..................168

lances aceitáveis, D5450, art. 24, § 3º..................................179

licitante - habilitação - documentação exigida, D5450, art. 14 174

licitante interessado - atribuições, D5450, art. 13 173

locações imobiliárias - inaplicabilidade, D5450, art. 6º 170

modalidade - menor preço - forma de realização, D5450, art. 2º........167

modalidade preferencial p/ aquisição de bens e serviços comuns, D5450, art. 4º..................................169

o credencial vale p/ vários, D5450, art. 3º, § 3º..................................169

o que pode ser adquirido, D5450, art. 1º..................................167

obras de engenharia - inaplicabilidade, D5450, art. 6º 170

órgão promotor tem apoio técnico, D5450, art. 2º, § 4º 168

participação de consórcio de empresas - exigências, D5450, art. 16...175

Pregão eletrônico

participantes - prévio credenciamento, D5450, art. 3° 168

participantes - procedimento - acompanhamento - direito público subjetivo, D5450, art. 7° 170

planilha de preços - forma de encaminhamento, D5450, art. 25, § 6° 182

pregoeiro - atribuições, D5450, art. 11 172

pregoeiro - designação - período, D5450, art. 10, § 3° 172

pregoeiro - designações, D5450, art. 10 172

pregoeiro pode apresentar contraproposta ao autor do melhor lance, D5450, art. 24, § 8° 180

pregoeiro pode negociar c/ vencedor, D5450, art. 24, § 8° 180

processo licitatório - instrução - documentação, D5450, art. 30 184

proposta é enviada por meio eletrônico, D5450, art. 21 178

propostas - apresentação - prazo, D5450, art. 17, § 4° 177

propostas - classificação, D5450, art. 23 179

propostas - desclassificação, D5450, art. 22, § 1° 179

propostas - fase de recebimento - encerramento, D5450, art. 21 178

quem está sujeito ao prévio credenciamento? D5450, art. 3° 168

quem realiza? D5450, art. 2°, § 4° 168

recursos - procedimentos para interposição, D5450, art. 26 182

regulamento - autarquias - subordinação, D5450, art. 1°, p.ú. 167

regulamento - empresas públicas - subordinação, D5450, art. 1°, p.ú.167

regulamento - fundações públicas - subordinação, D5450, art. 1°, p.ú. 167

regulamento - fundos especiais - subordinação, D5450, art. 1°, p.ú... 167

regulamento - sociedades de economia mista - subordinação, D5450, art. 1°, p.ú. 167

regulamento, D5450 167

requisitos - credenciamento de licitante, D5450, art. 3°, § 2° 169

requisitos - p/ declaração de estar habilitado, D5450, art. 21, § 2° ... 178

requisitos, D5450, art. 3° 168

sessão pública - como se inicia? D5450, art. 22 179

ÍNDICE DE ASSUNTOS

Pregão eletrônico

sessão pública - licitantes - como participar? D5450, art. 22, § 1º 179

termo de referência - conceito, D5450, art. 9º, § 2º.............................172

uso indevido da senha e responsabilidade do credenciado, D5450, art. 3º, § 5º...169

Pregoeiro

atribuições - na abertura das propostas, D3555, A.I, art. 11, VI 158

atribuições, D3555, A.I, art. 9º...156

atribuições, L10520, art. 3º, IV..144

convite à fase de lance, D3555, A.I, art. 11, IX...................................158

decisão sobre aceitabilidade da proposta deve ser motivada, D3555, A.I, art. 11, XII..159

deve decidir quem vence o pregão, motivadamente, L10520, art. 4º, XI 146

deve ser servidor, L10520, art. 3º, IV...144

Ministério da Defesa - militar - possibilidade, D5450, art. 10, § 2º....172

pode negociar com proponente, D3555, A.I, art. 11, XVI 160

pode ser militar no âmbito do Ministério da Defesa, L10520, art. 3º, § 2º...144

prazo para decidir sem impugnação ao edital, D3555, A.I, art. 12, § 1º 161

pregão eletrônico - designação - período, D5450, art. 10, § 3º 172

pregão eletrônico - designações, D5450, art. 10 172

quando pode ser militar? D3555, A.I, art. 10, p.ú. 156

quem designa? D3555, art. 7º, II 154

quem pode ser? D3555, A.I, art. 7º, p.ú. 154

redução de preço pode ser negociada c/ o vencedor, L10520, art. 4º, XVII..147

Prejuízo

ações de ressarcimento, são imprescritíveis, CF/88, art. 37, § 5º.........10

Pré-qualificação

amostra, L13303, art. 64, §6º..70

280

Pré-qualificação

divulgação obrigatória, L13303, art. 64, §7º 70

exigência de amostra L13303, art. 47, II 61

permanente de bens, L13303, art. 64, II 70

permanente de fornecedores, L13303, art. 64, I 70

permanente, L13303, art. 63, I 69

possibilidade, L13303, art. 36 48

prazo de divulgação, L13303, art. 39, I a III 50

validade, L13303, art. 64, § 5º 70

Preterição da ordem

de pagamento - crime, L8666, art. 92 140

Princípio(s)

básicos aplicáveis ao pregão, D3555, A.I, art. 4º 153

básicos do pregão, D5450, art. 5º 170

correlatos do pregão, D5450, art. 5º 170

equilíbrio econômico-financeiro, CF/88, art. 37, XXI 9

gerais da licitação, L13303, art. 31 44

isonomia – saneamento conforme o edital, L13303, art. 56, VI 66

isonomia, CF/88, art. 37, XXI 9

que regem a Administração Pública, CF/88, art. 37 9

Procedimento(s)

auxiliares, L13303, art. 63, I a IV 69

de licitação, L13303, arts. 51 a 62 62

de manifestação de interesse privado .... *v. também* PMI

do pregão eletrônico - interessados - acompanhamento - possibilidade, D5450, art. 7º 170

do pregão eletrônico - participantes - acompanhamento - direito público subjetivo, D5450, art. 7º 170

fases, L13303, art. 51 62

licitatório - devassamento de sigilo de proposta, L8666, art. 94 140

licitatório - fraude a competição, L8666, art. 90 139

licitatório - fraude, L8666, art. 93 140

ÍNDICE DE ASSUNTOS

Procedimento(s)

licitatórios anteriores ao regulamento interno, D8945, art. 71, §1º .. 133

preferencialmente por meio eletrônico, L13303, art. 51, § 2º 63

Processo

administrativo..........v. também crime, improbidade, nulidade e penalidade

licitatório - no pregoeiro - instrução - documentação, D5450, art. 30 184

seletivo - estatais - vedado prever benefício à saúde, R23/2018, art. 11 204

Professor .... v. Treinamento

Programa Nacional de Desestatização

Decreto nº 2.594/98 , D8954, art. 76 135

Projeto

modificação - alteração contratual, L13303, art 78

básico - alteração, L13303, art, 42, IV 56

básico - ausência - contratação integrada injustificada, L13303, art. 42, § 5º 57

básico - conteúdo, L13303, art. 42, VIII, de *a* a *f* 54

básico - contratação semi-integrada, L13303, art. 41, § 1º, I...............56

básico - definição, L13303, art. 42, VIII 54

básico – elaboração - vedação de participar em licitação, L13303, art. 44, I a III 59

básico - elaboração - vedação de subcontratação, L13303, art. 78, II .. 77

básico - elementos, L13303, art. 42, VIII, de *a* a *f*..............................54

básico - obrigatório para serviços, L13303, art. 43, § 1º.......................58

executivo - definição, L13303, art. 42, IX..54

executivo - encargo do contratado, L13303, art. 44, § 1º......................59

Proposta

a garantia de, é vedada no pregão, L10520, art. 5º, I 148

condição de aceitabilidade, L13303, art. 47.p.ú.................................61

do pregão eletrônico - apresentação - prazo, D5450, art. 17, § 4º 177

do pregão eletrônico - classificação, D5450, art. 23 179

282

Proposta

do pregão eletrônico - desclassificação, D5450, art. 22, § 3º 179

do pregão eletrônico - fase de recebimento - encerramento, D5450, art. 21 178

exigência de garantia no pregão é vedada, D3555, A.I, art. 15, I 162

momento da entrega e abertura de envelopes, L10520, art. 4º, VII . 145, 146

não mantida no pregão gera sanção, L10520, art. 7º 149

p/ pregão, prazo de validade das, L10520, art. 6º 148

pregão - prazo de validade, D3555, A.I, art. 11, XXIV 161

Prorrogação

exercício de cargo - trabalho relevante, R21/2018, art. 1º, § 2º 187

prazo - exercício de cargo nas estatais, R21/2018, art. 1º, § 1º 187

Publicidade

banco de dados das empresas estatais, D8945, art. 59 128

convocação para pregão - como se faz? D3555, A.I, art. 11, I 156

da pré-qualificação, L13303, art. 39, I a III 50

das campanhas dos órgãos públicos, CF/88, art. 37, § 1º 10

das obras, CF/88, art. 37, § 1º 10

dos atos, CF/88, art. 37, § 1º 10

dos contratos - descumprimento do prazo - sanção, D3555, A.I, art. 20, p.ú. 164

dos procedimentos licitatórios, L13303, art. 39, I a III 50

dos programas, CF/88, art. 37, § 1º 10

dos serviços, CF/88, art. 37, § 1º 10

e patrocínio - aumento do limite para despesa, D8945, art. 60, §1º .. 128

e patrocínio - limite para despesa, D8945, art. 60 128

e patrocínio - limite para despesas, L13303, art. 93 86

e patrocínio - vedação, D8945, art. 60, § 2º 128

e patrocínio - vedação, L13303, art. 93, § 2º 86

em sitio eletrônico oficial, D8945, art. 71, inc. VI 132

em sitio eletrônico oficial, L13303, art. 48 61

princípio constitucional - aplicação, CF/88, art. 37 9

Índice de Assuntos

Publicidade

remuneração dos administradores, D8945, art. 19, art.I 99

vedação - natureza estratégica, D8945, art. 37, §4º 112

Qualidade

do objeto - no pregão, D3555, A.I, art. 3º, § 2º 152

do objeto - no pregão, D5450, art. 2º, § 1º 167

do produto - certificação, L13303, art. 47, III 61

Qualificação

dispensa, L13303, art. 58, § 1º 68

econômica e financeira, L13303, art. 58, III 68

econômico-financeira - consórcio em pregão - como é verificada? D3555, A.I, art. 17, IV 163

exigida no procedimento - obrigação do contratado, L13303, art. 69, IX 73

jurídica - documentação, L13303, art. 58, I 67

técnica - consórcio em pregão - como é verificada? D3555, A.I, art. 17, III 163

técnica - documentação, L13303, art. 58, II 67

técnica da subcontratada, L13303, art. 78, §1º 76

Reajuste..................................*v. também alteração contratual*

Receita

operacional bruta - limite para despesas, L13303, art. 93, § 1º 86

operacional bruta. L13303, art. 1º, §1º 13

Recurso(s)

administrativos - fase única, L13303, art. 59 68

contra atos do pregoeiro - decisão, D3555, A.I, art. 7º, III 154

fase do procedimento, L13303, art. 51, VIII 62

financeiro/orçamentário - celebração de contrato - exigência, D3555, A.I, art. 19 164

no pregão - efeitos do acolhimento, L10520, art. 4º, XIX 147

no pregão - intenção deve ser manifestada em sessão, L10520, art. 4º, XVIII 147

Recurso(s)

no pregão - interesse deve ser registrado em ata, D3555, A.I, art. 11, XVII 160

no pregão - não tem efeito suspensivo, D3555, A.I, art. 11, XVIII 160

no pregão - prazo p/ contrarrazões, L10520, art. 4º, XVIII 147

no pregão - prazo para juntar memoriais, D3555, A.I, art. 11, XVII . 160

no pregão - prazo, L10520, art. 4º, XVIII 147

no pregão eletrônico - exige manifestação prévia, D5450, art. 26 182

no pregão eletrônico - procedimentos para interposição, D5450, art. 26 182

prazo - juntada de memoriais no pregão, D3555, A.I, art. 11, XVII .. 160

prazo para interposição, L13303, art. 59, § 1º 68

requisitos, L13303, art. 59, § 1º 68

Recusa

em assinar o contrato - o que deve ser feito? D3555, A.I, art. 11, XXIII 160

Reembolso

assistência à saúde - conceito, R23/2018, art. 2º, VI 200

assistência à saúde - empregados com menor nível salarial, R23/2018, art. 12 204

assistência à saúde - vedações às estatais, R23/2018, art. 12 204

Regime(s)

contratação integrada, L13303, art. 43, VI 58

contratação por tarefa, L13303, art. 43, III 58

contratação semi-integrada, L13303, art. 43,V 58

de execução - cláusula contratual, L13303, art. 69, II 72

de licitação e contratação - auto aplicação - exceção, D8945, art. 71 . 132

empreitada integral, L13303, art. 43, IV 58

empreitada por preço global, L13303, art. 43, II 58

empreitada por preço unitário, L13303, art. 43, I 58

modificação - alteração contratual, L13303, art. 81, IV 78

Índice de Assuntos

Registro

cadastral - anotação da atuação, L13303, art. 65, § 3º 71

cadastral - atualização, L13303, art. 65 71

cadastral - divulgação, L13303, art. 65, § 1º 71

cadastral - validade, L13303, art. 65.. 71

das empresas públicas – vedação de transferência de recursos, L13303, art. 92, p.ú.. 86

das empresas públicas, L13303, art. 92... 85

Registro de Preços..*v. também SRP*

procedimento auxiliar, L13303, art. 63, III...................................... 69

Regulamento

catálogo eletrônico de padronização, L13303, art. 67, p.ú. 72

definição para os critério de sigilo, L13303, art. 86, § 5º 83

do pregão eletrônico - regulamento, D5450 167

do Pregão, D3555 151

interno - estatais - disposição, D8945, art. 71, §1º 133

interno de licitações e contratos compatível com a Lei, L13303, art. 40 51

procedimento auxiliar, L13303, art. 63, p.ú..................................... 70

registro cadastral, L13303, art. 65, § 2º 71

registro de preços, L13303, art. 66, § 2º, II 71

Regularidade fiscal

exigível no ato da assinatura do contrato, D3555, A.I, art. 11, XXII . 160

Regularização

plano - autogestão por operadora - saúde, R22/2018, art. 4º. § 2º 194

proposta - autogestão por operadora - saúde, R22/2018, art. 4º. §1º. 194

Relatório(s)

Anuais de Atividades de Auditoria Interna - RAINT, D8945, art. 13, inc. X 96

consolidado de custeio de benefícios à saúde - conteúdo, R22/2018, art. 3º.. 192

Relatório(s)

de execução do orçamento - política de participação societária, D8945, art. 9º, §1º, inc. II 93

de risco - contratações políticas de participação societária, D8945, art. 9º, §1º, inc. VI 93

Remuneração

comitê de auditoria estatutário - membros, D8945, art. 38, §8º 115

variável adicional - Diretoria, D8945, art. 37, §5º 113

variável - limite orçamentário, L13303, art. 45. p.ú. 60

variável, L13303, art. 45 60

votação - participação da União, D8945, art. 27, §2º 104

votação, D8945, art. 27, §2º 104

Reputação ilibada

administrador(es) D8945, art. 28, inc. I 105

administrador(es), L13303, art. 17 25

Requisito(s)

oferta de benefício de assistência à saúde - autogestão, R23/2018, art. 9º 203

representantes na Diretoria executiva - operadoras de autogestão em saúde, R22/2018, art. 5º 195

Rescisão

cláusula contratual, L13303, art. 69, VII 73

cumulativa com multa de mora, L13303, art. 82, § 1º 80

do contrato - cláusula contratual, L13303, art. 69, VII 73

Resolução CGPAR nº 21/2018

mecanismos de verificação - controle, R21/2018, art. 7º 189

nomeação e destituição de titulares - áreas 187

Resolução CGPAR nº 22/2018

benefícos de saúde - regras de governança 191

Resolução CGPAR nº 23/2018

benefícos de saúde - custeio 199

Índice de Assuntos

Responsabilidade

civil - contratação de seguro, D8945, art. 43 120

condições para empresa pública assumir, L13303, art. 8º, § 2º, I e II .. 19

demonstração da regularidade da despesa, L13303, art. 87.................83

objetiva, direito de regresso, CF/88, art. 37, § 6º 10

pessoa jurídica, CF/88, art. 173, § 5º...11

por situação de emergência - urgência, L13303, art. 29, § 3º 42

social - empresa pública, L13303, art. 27, § 2º 36

social - sociedade de economia mista, L13303, art. 27, § 2º 36

Ressarcimento

ações são imprescritíveis, CF/88, art. 37, § 5º 10

Restrição

à aquisição de bens de informática por pregão, D3555, A.I, art. 3º,
§ 3º...153

Revisão

de preços contratados, L13303, art. 81, § 5º 79

Revogação

ausência de assinatura do contrato, L13303, art. 75, § 2º, II 76

competência, L13303, art. 62..69

contraditório e ampla defesa, L13303, art. 62, § 3º...........................69

contratação direta, L13303, art. 62, § 4º 69

critérios, L13303, art. 62 69

do procedimento, L13303, art. 51, X 62

pregão - interesse público comprovado, D3555, A.I, art. 18..............163

pregão - requisitos, D3555, A.I, art. 18...163

valor superior ao estimado, L13303, art. 57, § 3º 67

Risco(s)

alocação, L13303, art. 42, § 3º..57

área liderada por diretor estatutário, L13303, art. 9º, §2º 21

área responsável, L13303, art. 9º, II...20

área vinculada ao diretor presidente, L13303, art. 9º, §2º...................21

Risco(s)

das contratações - fiscalização pela investidora, L13303, art. 1º, §7º, VI 15

do negócio, L13303, art. 1º, §7º 14

gerenciamento aferido pela auditoria interna, L13303, art. 9º, §3º, II 21

gestão de - estruturas e práticas, L13303, art. 9º, I a III 20

gestão de - previsão em estatuto, L13303, art. 9º, §2º 21

matriz de - cláusula contratual, L13303, art. 42, X e 69, X 55

matriz de - conteúdo, L13303, art. 42, X 55

matriz de - definição, L13303, art. 42, X 55

matriz de risco – cláusula contratual, L13303, art. 41, X e 69, X 73

prevenção - custeio vedado, R23/2018, art. 30, § 2º, I 201

supervenientes - contrataçao integrada ou semi-integrada, L13303, art. 42, § 3º 57

vedado aditivar eventos da matriz de riscos, L13303, art. 81, § 8º 80

Sanções

administrativas - cláusulas contratuais, L13303, art. 82 80

admissão de inidôneo, L8666, art. 97 141

advertência, L13303, art. 83, I 80

aplicação a pessoas físicas, L13303, art. 84, I, II e III 81

aplicação cumulativa, L13303, art. 82, § 2º 80

aplicável à pessoa jurídica, CF/88, art. 173, § 5º 11

condutas passíveis de, no pregão, L10520, art. 7º 149

desistência/abstenção em licitar por vantagem, L8666, art. 95, p.ú. . 141

deve ser registrada no SICAF, D3555, A.I, art. 14, p.ú. 162

economia não configurada, L13303, art. 79, p.ú. 77

em crimes contra processo licitatório, L8666, arts. 89 a 99 139

impedimento de contratar, L13303, art. 83, III 81

inexecução - aplicação cumulativa, L13303, art. 83, § 2º 81

inexecução - defesa prévia do interessado, L13303, art. 83, § 2º 81

inexecução do contrato, L13303, art. 83, I, II e III 80

multa - fixação na sentença, L8666, art. 99 142

multa de mora descontada da garantia, L13303, art. 82, § 2º 80

ÍNDICE DE ASSUNTOS

Sanções

multa de mora, L13303, art. 82, §§ 1º, 2º e 3º.................................80
multa por inexecução, L13303, art. 83, II.................................80
por atraso injustificado, L13303, art. 82.................................80
previsão no edital, L13303, art. 82.................................80
publicidade no CEIS - Lei nº 12.846/2013, L13303, art. 37.............49
suspensão temporária - aplicação extensiva, L13303, art. 84, I, II e III 81
suspensão temporária, L13303, art. 83, III.................................81
violação ao Código de Conduta e Integridade, D8945, art. 18, art. V 99
violação ao Código de Conduta e Integridade, L13303, art. 9º, §1º, V
.................................21

Saúde

bem comum, L10520, art. 12.................................150
benefícios de assistência - regras de Governança, R22/2018, art. 1º.. 191
normas complementares - competência, R22/2018, art. 9º..............197
serviço comum, L10520, art. 12.................................150

Seguro

de responsabilidade civil, D8945, art. 43.................................120

SEM ....*ver Sociedade de economia mista*

Serviço(s)

comum - aquisição - uso obrigatório do pregão, D5450, art. 4º........169
comum - aquisição - uso preferencial do pregão eletrônico, D5450, art.
4º.................................169
comum - conceito, D5450, art. 2º, § 1º.................................167
comum - conceito, L10520, art. 1º, p.ú.................................143
comuns - conceito, L13303, art. 32, IV.................................46
conceito, D3555, art. 3º, § 2º.................................152
contratação - necessita de licitação, CF/88, art. 37, XXI.................9
técnico especializado - execução pessoal e direta, L13303, art. 78, § 3º 77
técnico especializado - Inexigibilidade, L13303, art. 30, II.................42

Servidor

promoção pessoal - proibição, CF/88, art. 37, § 1º.................................10

MURILO JACOBY FERNANDES

Sessão

pública - de pregão, atos prévios necessários, L10520, art. 4º, VI 145

pública - no pregão eletrônico - como se inicia? D5450, art. 22 179

pública - no pregão eletrônico - licitantes - como participar? D5450, art. 22, § 1º.. 179

SICAF

descredenciamento por pregão, L10520, art. 7º 149

penalidades devem ser registradas, D3555, A.I, art. 14, p.ú.............. 162

SICRO

orçamento de referência – inviabilidade, L13303, art. 31, § 3º 45

orçamento de referência, L13303, art. 31, § 2º 45

SIEST

atualização de dados, D8945, art. 59, p.u. 128

Sigilo

conteúdo informacional - cautelas, L13303, art. 88, § 1º 84

corresponsabilidade dos órgãos de controle, L13303, art. 85, § 2º...... 82

critério definidos em decreto específico, D8945, art. 46, § 5º 123

critério definidos em regulamento, L13303, art. 86, § 5º 83

disponibilização aos órgãos de controle, L13303, art. 34, § 3º 48

divulgação indevida - responsabilização, D8945, art. 46, § 4º........... 123

divulgação indevida - responsabilização, L13303, art. 86, § 4º........... 83

divulgação indevida - responsabilização, L13303, art. 88, § 2º........... 84

do orçamento, L13303, art. 34 48

grau atribuído na entrega de documentos, L13303, art. 85, § 2º......... 82

impede a desclassificação, L13303, art. 56, IV..................................... 66

não impede a ação dos órgãos de controle, D8945, art. 46, § 4º 123

não impede a ação dos órgãos de controle, L13303, art. 85, § 1º........ 82

não impede a ação dos órgãos de controle, L13303, art. 88, § 2º........ 84

órgão de controle corresponsável, D8945, art. 45, §2º...................... 122

órgãos de controle – compartimentação de informações, L13303, art. 86, § 3º.. 83

ÍNDICE DE ASSUNTOS

SINAPI
orçamento de referência - inviabilidade, L13303, art. 31, § 3º 45
orçamento de referência, L13303, art. 31, § 2º 45
SINMETRO
certificação da qualidade do produto, L13303, art. 47. p.ú. 61
Subcontratação
possibilidade, L13303, art. 78 76
Sobrepreço
conceito, L13303, art. 31, I 44
critérios para aferição - bens e serviços, L13303, art. 56, §4º 67
fuga, L13303, art. 31 44
Sociedade 90
por ações - assembleia geral, D8945, art. 72, p.u 133
Sociedade de economia mista
atividades culturais, L13303, art. 27, § 3º 37
capital fechado - resgate de ações, D8945, art. 68 131
conceito, D8945, art. 2, inc. III 90
constituição, D8945 art. 4º 91
constituição, D8945, art. 10 94
constituição, L13303, art. 2º 16
constituição, L13303, art. 5º 17
contrato de patrocínio, L13303, art. 27, § 3º 37
convênio, L13303, art. 27, § 3º 37
definição, L13303, art. 4º 17
deveres e responsabilidades da controladora, L13303, art. 4º, § 1º 17
econômica - exploração pelo Estado, L13303, art. 2º 15
estatuto jurídico, L13303, art. 1º 13
função social, L13303, art. 27 36
interesse coletivo, L13303, art. 27 36
observância - Lei nº 6.385/76, D8945, art. 10, §2º 94
observância - Lei nº 6.404/76 94
práticas de sustentabilidade, L13303, art. 27, § 2º 36

MURILO JACOBY FERNANDES

Sociedade de economia mista
pregão eletrônico - regulamento - subordinação, D5450, art. 1º, p.ú. 167
regida por estatuto jurídico, CF/88, art. 173, § 1º............................... 10
restrição aos privilégios fiscais, CF/88, art. 173, § 2º........................... 11
sujeita-se à licitação, CF/88, art. 173, § 1º, III.................................... 11
sujeita-se ao regime privado, CF/88, art. 173, § 1º, II......................... 11

Sorteio
critério de desempate, L13303, art. 55, IV... 65

SPE
sociedade de propósito específico. submissão à Lei 13.303, L.13303, art. 1º, §6º.. 14

SRP
adesão, L13303, art. 66, § 1º.. 71
carona, L13303, art. 66, § 1º... 71
condições, L13303, art. 66, § 2º... 71
direito de preferência, L13303, art. 66, § 3º....................................... 72
existência não obriga contratação, L13303, art. 66, § 3º...................... 72
modalidade licitatória aplicável, L10520, art. 11 149
procedimento auxiliar, L13303, art. 63, III... 69
regido por decreto do Poder Executivo, L13303, art. 66..................... 71
uso, L13303, art. 66, § 2º.. 71
validade conforme definição em regulamento, L13303, art. 66, § 2º, IV 71

Subsidiária(s)
autorização - legislativa, D8945 art. 7º.. 91
conceito, D8945, art. 2, inc. IV... 90
Conselho de Administração - facultativo, D8945, art. 10º, §1º 94
conselho de administração - facultativo, D8945, art. 24, §1º............. 103
constituição, D8945 art. 6º... 91
constituição, D8945, art. 10º, §1º... 94
constituição, vedações, L13303, art. 2º, § 3º...................................... 16
criação - depende de autorização legislativa, L13303, art. 2º,§ 2º 16

293

Índice de Assuntos

Subsidiária(s)

de capital fechado - Conselho de Administração, D8945, art. 31 108

duas ou mais - avaliar necessidade, D8945, art. 69 131

econômica - exploração pelo Estado, L13303, art. 2º 15

estatuto jurídico, L13303, art. 1º 13

objeto social, D8945 art. 7º 91

participação - autorização legislativa, D8945, art. 8º, §2º 92

participação em empresa privada, D8945, art. 8º, §2º 92

participação em empresa privada, L13303, art. 2º,§§ 2º e 3º 16

requisitos, D8945 art. 6º 91

Superfaturamento

conceito, L13303, art. 31, II 44

dispensa de licitação por preços superiores aos do mercado, L13303, art. 29, IV 39

fuga, L13303, art. 31 44

inexigibilidade - dispensa - responsabilidade, L13303, art. 30, §2º 43

Supressões

indenização, L13303, art. 81, §4º 79

limite, L13303, art. 81, §1º 79

limite, L13303, art. 81, §2º 79

pagamento de materiais adquiridos, L13303, art. 81, §4º 79

Suspensão

aplicação juntamente com a multa, L13303, art. 83, § 2º 81

temporária - prática de atos ilícitos, L13303, art. 84, II e III 81

temporária, L13303, art. 83, III 81

Sustentabilidade

condições socioambientais, D8945, art. 9º,inc. VIII 93

empresa pública, L13303, art. 27, § 2º 36

energia e recursos naturais - redução, L13303, art. 32, § 1º, III 47

mitigação de danos ambientais, L13303, art. 32, § 1º, II 46

obras - resíduos sólidos, L13303, art. 32, § 1º, I 46

relatório, D8945, art. 13, inc. IX 96

sociedade de economia mista, L13303, art. 27, § 2º................... 36

Tarefa..*v também regime(s)*

definição, L13303, art. 42, III.. 52

Taxa

vedação a cobrança no pregão, D3555, A.I, art. 15, III..................... 162

Termo

aditivo - extensão de desconto, L13303, art. 54, § 4º, I..................... 64

de referência - conceito, D3555, art. 8º, II................................... 155

de referência - no pregão eletrônico - conceito, D5450, art. 9º, § 2º.. 172

Trabalho

relevante - prorrogação de exercício de cargo, R21/2018, art. 1º, § 2º

.... 187

Transparência..*V. também divulgação*

carta anual, D8945, art. 13, inc. I... 95

Comitê de Auditoria, D8945, art. 38, §4º.. 114

Comitê de Auditoria, L13303, art. 24, §4º.. 33

divulgação - demonstrações financeiras, D8945, art. 13, inc. VI 96

divulgação das atas do comitê estatutário, L13303, art. 10.p.ú....... 22

divulgação de custos e receitas, D8945, art. 13, § 3º, inc. II 97

divulgação de custos e receitas, L13303, art. 8º, § 2º, II 20

divulgação de documentos na internet, L13303, art. 8º, § 4º 20

divulgação na internet, D8945, art. 13, § 2º...................................... 97

fatores de risco, D8945, art. 13, inc. III 95

órgãos de controle, D8945, art. 38, §6º.. 115

política de divulgação de informações, D8945, art. 13, inc. IV 96

remuneração dos administradores, D8945, art. 19, art.I.................. 99

remuneração dos administradores, L13303, art. 12, I....................... 22

requisitos mínimos, D8945, art. 13... 95

requisitos mínimos, L13303, art. 8º.I a IX 18

Tratamento diferenciado

cancelado, D8945, art. 51, §3º.. 125

estatal de menor porte, D8945, art. 51 125

ÍNDICE DE ASSUNTOS

Treinamento.....................................*v. também curso, professor*

administradores e conselheiros fiscais, D8945, art. 42 119

administradores eleitos - legislação societária - mercado de capitais, L13303, art. 17, § 4º..27

código de conduta - integridade - gestão de riscos, D8945, art. 18, art. VI..99

código de conduta - integridade - gestão de riscos, L13303, art. 9º, § 1º, VI..21

código de conduta e integridade, D8945, art. 18, art.VI 99

obrigatoriedade, D8945, art. 42, p.u 120

serviço técnico especializado, L13303, art. 30, II, f 43

União

estatais da - Estatuto jurídico, L13303, art. 1º.................................13

participação societária minoritária, D8945, art. 73, §1º....................134

princípios a que está sujeita, CF/88, art. 37.......................................9

remuneração dos administradores, D8945, art. 27, §2º 104

Valor(es) ....*v. também preço(s)*

contratual - variação, L13303, art. 81, § 7º..80

modificação - acréscimo ou diminuição do objeto, L13303, art. 81, II 78

Vedações...*v. também impedimento*

a identificação do detentor de lance - pregão eletrônico, D5450, art. 24, § 5º...180

a limitação da competição, L10520, art. 3º, II..................................144

à subcontratação - critérios, L13303, art. 78, § 2º, I e II....................76

à utilização do pregão, D3555, A.I, art. 5º..154

aditivar eventos da matriz de riscos, L13303, art. 81, § 8º.................80

ano eleitoral - publicidade e patrocínio, D8945, art. 60, § 2º.............128

ano eleitoral - publicidade e patrocínio, L13303, art. 93, § 2º............86

as especificações restritivas - pregão, D3555, A.I, art. 8º, I 155

as exigências no pregão, D3555, A.I, art. 15 162

ato de corrupção e fraude, D8945, art. 18, inc. I................................99

ato de corrupção e fraude, L13303, art. 9º, §1º, I................................20

Vedações

composição - Conselho de Administração, D8945, art. 36, §1º 110

contrato por prazo indeterminado, L13303, art. 71, p.ú. 74

de disputar licitação - fornecedor incluído no CEIS, L13303, art. 37, §
1º 49

de participar de contrato - fornecedor incluído no CEIS, L13303, art.
37, § 1º. 49

lançar debêntures, L13303, art. 11, I 22

no pregão, L10520, art. 5º, ... 148

obras e serviços de engenharia sem projeto executivo, L13303, art. 43, §
2º 58

pagamento antecipado, L13303, art. 81, V 78

participação em licitações, L13303, art. 44. 59

violação da obrigação de licitar, L13303, art. 72 75

NOTA DO AUTOR

Aproveito o espaço para falar de uma instituição de cujo corpo diretivo faço parte e que dedica seus esforços à nobre missão de melhorar a gestão pública no país, por meio do apoio ao trabalho dos gestores.

O Instituto Protege diferencia-se de qualquer outra organização nacional porque é a única que conta com corpo técnico capaz de conjugar uma visão da máquina pública sistêmica, racional, social e sustentável, ao conhecimento jurídico mais consistente, para oferecer produtos e serviços orientados à eficiência da gestão pública e da segurança jurídica de gestores públicos e instituições privadas que se relacionam com órgãos da Administração Pública.

Os serviços singulares e inéditos são oferecidos por meio de uma rede de profissionais altamente qualificados, experimentados em projetos exitosos e devidamente articulados para operar sistemicamente em três eixos fundamentais de atuação: gestão pública; direito público; ensino, capacitação e tutoria.

Para realizar seu propósito, o Instituto Protege oferece soluções e serviços diferenciados, por meio do desenvolvimento e da implantação de projetos, consultoria, assessoria, tutoria, capacitação e treinamento, contempladas a construção e a disseminação de conhecimento e informação pertinente a sua área de atuação.

Dentre os serviços prestados, destacam-se a normatização de procedimentos e operações relativas às licitações e contratos, com base na Lei nº 8.666/1993, Lei nº 13.303/2016 e regulamentos do sistema "S", instituição de programas de *compliance* e gestão de

NOTA DO AUTOR

riscos, definição de fluxos e listas de conferência (*check-list*), análise técnica de processos de contratação e convênios.

Acesse www.institutoprotege.com.br e conheça os nossos serviços.

O autor

Conheça o canal do professor Jacoby Fernandes no YouTube

Aponte a câmera do seu celular para o QR Code

Quer receber todo dia um resumo com o que saiu de mais importante no Diário Oficial da União?

Aponte a câmera do seu celular para o QR Code

Cadastre seu número e receba via WhatsApp

Conheça outras obras que podem lhe interessar:

Sistema de Registro de Preços e Pregão Eletrônico - 7ª ed.

Trata-se de um Manual para implantação do SRP com todas as etapas detalhadas, a aplicação às micro e pequenas empresas, recomendações para definir qualidade e quantidade do objeto e jurisprudência pertinente.

Tomada de Contas Especial - 7ª ed.

Na 7ª edição, Jacoby Fernandes traz as significativas mudanças instituídas pela IN nº 76/2016 e Decisão Normativa nº 155/2016 ao processo da Tomada de Contas Especial na fase interna e externa.

Esta obra foi composta em fonte *Goudy Old Style*, capa cartão supremo 250g, miolo em papel AP 63g, impressa pela Gráfica Expressão & Arte. 2.500 exemplares.
São Paulo/SP, julho de 2018.